Die

Reform des Hypothekenwesens

als

Aufgabe des norddeutschen Bundes.

Von

Ernst Immanuel Bekker,
Prof. a. d. Univ. Greifswald.

Berlin.
Druck und Verlag von Georg Reimer.
1867.

Uebersicht.

Vorwort.

Die militärischen und die politischen Erfolge, die von Preußen im Laufe des vorigen Jahres errungen sind, machen einen Abschnitt in der deutschen Geschichte. Ein triviales oft gemisbrauchtes Wort „daß eine neue Zeit begonnen habe“ paßt dies Mal, und bezeichnet den Umschwung treffend wie kaum ein anderes. Die Zielpunkte des öffentlichen Lebens sind andere geworden, was uns vorher als nur der Phantasie zugängliches Ideal vorschweben mochte, ist in den Bereich des greifbar Nahen versetzt, und was sonst schon ebenso möglich gewesen wie jetzt, das hat doch betreffs der Bedeutung und der Art seiner Erfüllung einem Wechsel unterlegen.

Die oft ausgesprochene Forderung einer Neubildung der politischen Parteien erscheint lediglich als Consequenz hiervon. Unmittelbar vor uns ist eine Aufgabe getreten, deren colossale Dimensionen angethan sind, alle anderen in den Schatten zu stellen, die Einigung von Deutschland, von ganz Deutschland um den preußischen Kern. Die Parteien müssen über kurz oder lang sich zusammenordnen nach ihrem Verhalten zu dieser Hauptfrage; und nur zwei werden sich dauernd behaupten können, die entschieden dafür und die entschieden dawider sind. Beide haben sich aus verschiedenartigen in mannigfaltige Verbindungen verhäkelten Elementen zu entwickeln, daher es nicht zu erwarten ist, daß die Ueberzeugung von der Zusammengehörigkeit glatt und rasch durchbrechen werde.

Dem Einigungswerk entgegen stehen positive Gegner und negative Freunde desselben. Unter jenen voran als Extreme die bewußten und die unbewußten Gegner der Staatsordnung überhaupt, die trotz der incurablen Unfruchtbarkeit ihrer den Gesetzen der menschlichen Natur zuwiderlaufenden Bestrebungen, und trotzdem daß die Stimmung des Augenblicks bei uns ihnen wenig günstig ist, doch wegen des Einflusses, den sie in erregter Zeit leicht auf die Massen gewinnen, nicht unterschätzt werden wollen. Sodann, die wol einen Staat an sich, aber keinen einheitlich deutschen Staat wünschen, die eigentlichen Particularisten, auch wieder in bewußte und unbewußte, oder doch ihr Bewußtsein versteckende zu scheiden, und zumal der letztern eine sehr große Zahl. Wenn die zuerst genannten, die Gegenstaatler, im Moment der Entscheidung gefährlich werden können, so wirken diese der gedeihlichen Entwickelung im Kleinen unermüdlich zu jeder Zeit und überall entgegen, und fallen beschwerlich auf Schritt und Tritt, ohne doch die Bewegung zu hemmen. Ihnen zunächst und innig verbunden, die die Einheit Deutschlands, aber nicht den preußischen Kern wollen. Sie haben richtig erkannt, wie das Anschießen um diesen Kern noch mehr bedingt, als daß das Scepter Deutschlands einem Hohenzollern in die Hand gegeben werde. Was Tüchtiges und Lebenskräftiges im preußischen Wesen ist, das muß allmählich ganz Deutschland durchdringen, nicht ohne selber mitzuwachsen mit der Zeit und dem Gebiet, aber doch ohne von der ihm eigenthümlichen scharfen und strammen streng vernunftmäßigen Art zu lassen, die dem Gefühle Vieler und auch den Interessen von nicht Wenigen herzhaft zuwider ist. Hier treffen wir vor andern die Ultramontanen, dadurch noch immer bedeutend, daß sie dem preußischen einen andern fertigen, und wenngleich zur Zeit unausführbaren, immer noch großartigen Gedanken entgegensetzen.

Negative Freunde aber heißen uns diejenigen, die sagen und glauben, sie wollten die Einigung auch, die aber gerade das alles was zur Einigung unumgänglich nothwendig ist nicht wollen, das Bad ohne das Wasser wollen. Ein buntes Lager von zahlreichen Contingenten aus allen alten Parteien gefüllt, tapferen Doctrinärs, die die Welt sofern sie ihrem Schema sich nicht fügen will zu ignoriren ehrlich entschlossen sind, die allesammt, wie einfache Logik beweist, trotz allem Anderssagen und Andersmeinen, dennoch das Einheitswerk nicht wollen, und die auch mit ihren Handlungen dasselbe niemals praktisch fördern werden. Freilich pflegt praktisches Handeln überall nicht in der Art dieser Leute zu liegen, und sie könnten auch als Gegner wenig Beachtung zu verdienen scheinen; sie haben aber die Bedeutung, die einer rudis moles wegen der vis inertiae stets zukommt, zumal wenn sie wie hier nicht blos massenhaft und weit verbreitet, sondern auch in die thatkräftigen Gebilde hinein verwoben ist. Es muß als Vorbedingung des gewünschten Erfolgs betrachtet werden, aus denjenigen Parteigruppirungen, die in den Gang der Ereignisse bestimmend eingreifen wollen, alle diese hemmenden Elemente zu entfernen, und dahin zu setzen wohin sie gehören, in die intime Vereinigung mit ihres gleichen.

So vielen Gegnern gegenüber mag man sich trösten damit, daß die gute Sache ja doch durchdringen müsse ein Mal, da sie ja sonst nicht die wirklich gute Sache wäre. Richtig an sich: der Regentropfen der fällt der muß auch ein Mal dem Ocean zufließen, aber wann und wo? Unsere gerechten Wünsche werden sicher ein Mal in Erfüllung gehen; fragt sich nur ob wir das eben noch erleben, welche kleine Nebenfrage leider für den Einzelnen meist von besonderer Wichtigkeit ist. Und dabei steht ein wenig erfreuliches Beispiel uns frisch in der Erinnerung. Als in den Jahren 1813 bis 15 mit höchster Anspannung der ganzen Volkskraft ein großes Ziel erreicht war, da hoffte nicht blos die unbesonnene Jugend, daß auch die fernere Entwickelung dem ähnlich großartig sein würde. Großes wirkt überall groß; die Kriegsjahre haben das auch gethan, sie haben weiter und weiter gehoben und geschoben, und sind maßgebend gewesen für die Ereignisse bis auf diesen Tag, aber diese Entwickelung ist doch nicht mit dem frischen freien Zuge vor sich gegangen, den man erwartet hatte, es waren nicht die Schlechtesten, die sich entteuscht fühlten, und nur Fatalisten werden behaupten, daß die Freiheitskämpfe zu den Miseren des Bundestags führen mußten. Etwas günstiger ist die Lage der Dinge jetzt insofern als das Unfertige der Zustände und die Unentbehrlichkeit weiterer angestrengter Arbiet handgreiflicher ist. Damals konnte Vielen die Niederwerfung Napoleons I. als die Eine große Hauptsache erscheinen, mit deren Vollbringung alles andere sich wie von selber zum Besten ordnen müsse; jetzt aber stehen wir da, wo wir augenscheinlich nicht bleiben können, von wo aus weiter vorzudringen ohne Mühen und Ringen nicht möglich ist, während das Nichtsthun allein ausreicht in den alten Schlamm vielleicht noch tiefer uns zu versenken.

Aber auch dafür wie wir vorzugehen haben, stehen uns warnende Erfahrungen aus jüngster Zeit zur Seite: nicht auf den Sackgassen die wir 48 und 49 gewandelt sind. Theoretischen Untersuchungen, wie sie damals mit gewissenhafter Sorgfalt traktirt worden, mag die wohlverdiente Ruhe ungestört bleiben; darauf kommt es an, die realen Vortheile des Einigungswerkes, auch schon des unvollendeten, möglichst Viele empfinden zu lassen, und Freund und Feind zur Anerkennung der Ursachen des Wohlergehens zu zwingen. Die Zuspitzung der gemeinsamen Thätigkeit auf praktische Fragen bietet bei der gegenwärtigen Situation zugleich den Vortheil, daß die durch die Parteistellung bedingte Verschiedenheit der Ausgangspunkte weniger nachtheilig wirkt. Am leichtesten scheint die Verständigung betreffs alles dessen, was mit der äußeren Politik zusammenhängt, und bald wird es gelingen, für die ökonomischen Resultate der nach außen veränderten Stellung Preußens und seiner Bundesgenossen allgemeines Verständnis zu erwecken. Das Einvernehmen darf aber nicht hierauf beschränkt bleiben, denn die innere Wohlfahrt und die befriedigende Lösung der social-politischen Aufgaben pflegt der Kitt zu sein, auf dessen Bindekraft für die dauernde Festigkeit des ganzen Gebäudes am meisten ankommt.

Wer hieran jetzt herantritt, muß sich klar sein, daß er den Anforderuugen der neuangebrochenen Zeit Genüge zu thun hat. Was vor einem Jahr noch befriedigt hätte, thut dies nun nicht mehr, jede neue Schöpfung soll den gemachten Fortschritt bekunden, wir verlangen alles, was sich erreichen läßt von dem Standort aus, zu dem wir bereits durchgedrungen sind. Die Zeit fordert große Reformen, aber große Reformen fordern auch eine Zeit wie diese. Vieles ist im ruhigen Lauf der Dinge geradezu unmöglich, die naturgemäß entstehende Friction, das absichtliche und unabsichtliche Widerstreben Einsichtsloser und Eigennütziger, die laue Theilnahme derjenigen, denen die Durchführung obliegt, werden dabei zu unübersteiglichen Hemmnissen. Jetzt aber haben wir vom vorigen Sommer her noch einen Ueberschuß gehobener Kraft, wir wissen daß ein großer Bruch sich vollzogen hat, der unvermeidlich noch weiter greifen, von der Vergangenheit noch weiter abführen muß. Bei so allgemeiner Bewegung werden die Uebel leichter ertragen, die mit jeder größeren Aenderung der Rechts- und Kreditverhältnisse stets verknüpft sind. Und die Hoffnung, daß wenn diese Zeit versäumt und der Fluß wieder träge dem Stillstand nahe gekommen, die Geschichte unseres Jahrhunderts uns auch zum andern Male die Gelegenheit zu so großem Unternehmen bieten werde, dürfte doch nur die gläubigsten Gemüther erfüllen.

Diese Anschauungen mußten vorausgeschickt werden, um die nachfolgenden Vorschläge zu rechtfertigen; wer sie nicht theilt, mag auch mit jenen sich nicht befreunden. Wesentlich neues soll dabei nicht geboten werden. Neu ist nur die Combination von Institutionen, die einzeln alle schon ihre Verwirklichung gefunden haben; sodann der Versuch die Hypothekenreform für ein ausgedehnteres Gebiet auszudenken als das früher in Betracht kommen konnte. Uebrigens weiß der Verfasser am besten, wie unfertig das ist was er hiermit vorlegt. Zum

Theil war dies die Folge äußerer Verhältnisse, die ihn einigermaßen entschuldigen mögen. Andererseits aber lag ihm nur daran, die Discussion, wenn es sein könnte, anzuregen; finden die hier angedeuteten Gedanken nur überhaupt Beachtung, so wird er ebenso willig Belehrung annehmen, wie er gern erbötig ist, das was etwa brauchbar sein möchte in anderer präciserer Form, als Statuts- oder Gesetz-Entwurf zu eingehender Erörterung zu reproduciren.

Ziel und Wege.

Der mit der Jahreszahl 1864 der Oeffentlichkeit übergebene im Justizministerium redigirte „Entwurf eines Gesetzes über das Hypothekenwesen und einer Hypotheken-Verordnung für Preußen" nahm, unter Hinweis auf die wiederholten Beschlüsse des Herrenhauses, die Anträge im Hause der Abgeordneten sowie des landwirthschaftlichen Ministeriums des Landes-Oekonomie-Kollegiums und zahlreicher Gutsbesitzer, das „dringende Bedürfnis einer Revision des bestehenden Rechts" als zweifellos an. Diese Meinung ist nicht ohne Widerspruch geblieben. Der Bericht einer von der juristischen Gesellschaft zur Beurtheilung des gedachten Entwurfs niedergesetzten Kommission, bestehend aus zehn Mitgliedern der Hypotheken-Deputation des Stadtgerichts zu Berlin, meldet daß die Frage,

> ob die zur Sprache gekommenen Mängel der Gesetzgebung in der That das Bedürfnis einer sofortigen Aenderung der gesetzlichen Bestimmungen bezüglich des Hypothekenrechts und des Verfahrens in Hypothekensachen nachweisen,

in mehreren Sitzungen discutirt, und schließlich mit vier gegen drei Stimmen verneint worden sei. Das Justizministerium hat sich dieser Meinung nicht angeschlossen; nachdem der frühere, an Halbheiten Inconsequenzen und Formmängeln krankende Entwurf aufgegeben, ist ein neuer ausgearbeitet und dem Staatsministerium zur Beschlußfassung überreicht. Ein anderer nur für Neuvorpommern berechneter Entwurf wurde den Provinzialständen schon im vorigen Jahre vorgelegt. Das Justizministerium wie die Kommission der juristischen Gesellschaft haben bei ihren Erwägungen die politische Seite der Frage außer Betracht gelassen, den damaligen Zeitverhältnissen wohl entsprechend. Und seit dem Jahre 64 ist die Zahl der Stimmen, die gleichfalls aus nicht politischen Gründen wenn nicht Revision der Hypothekengesetzgebung doch andere Maßregeln zur Hebung des Grundkredits fordern, noch merklich gewachsen.

Der Augenschein lehrt, wie schwer es hält die auftauchenden Fragen mit Sicherheit zu beantworten. Man muß vor Allem sich klar werden über das, was man eigentlich zu wissen verlangt. Die Sonderung: bedarf unsere Hypothekengesetzgebung überhaupt der Reform? muß diese sofort ins Werk gesetzt werden? ist durchaus angemessen. Auf der andern Seite ist zu fragen, ob die Rechtsänderung allein, und ob andere Maßnahmen allein dem angegebenen Zweck genügen würden, oder ob beide Arten von Aenderungen mit einander zu verbinden seien? — Bei diesen Erwägungen überzeugt man sich bald, daß für die Ausdehnung des Bodenkredits an jedem Ort und zu jeder Zeit gewisse unübersteigliche Maximalgrenzen bestehen, und daß die Kenntnis derselben, so wie der Wege, auf denen bis zu ihnen zu gelangen ist, die nothwendige Voraussetzung richtiger Antworten ist.

Der Grundbesitzer darf nicht erwarten, auf dem Kapitalmarkt anders behandelt zu werden als alle andern, und Vortheile zu erlangen für die er keinen ausreichenden Ersatz böte. So richtig dies in der Regel ist, lassen sich doch Ausnahmen nicht wegleugnen. Es kann geschehen, und ist bisher nicht selten geschehen, daß die Grundbesitzer von den Ausleihern vor allen andern Kapitalsuchern bevorzugt sind. Da auch die besten Hypotheken vor andern besten Kapitalanlagen an Sicherheit oder sonstigen Vorzügen nichts voraus haben, so ist diese Bevorzugung irrationell, aber derartige Irrationalitäten kommen allezeit vor. Theils im Allgemeinen unerklärliche Marotten Einzelner, theils Tradition, die Macht der Gewohnheit, die dahin drängt; wer bis jetzt immer sein Geld so und nicht anders ausgeliehen hat, der mag am Lebensabend nicht davon abgehen, er traut den Vortheilen nicht, die ihm anderswo gezeigt werden, und hat das wenn auch irrthümliche Gefühl der Sicherheit nur dann, wenn er sich in den ihm bekannten Geschäftsformen bewegt. Beiläufig, daß hierin das einzige beachtenswerthe, aber auch nicht durchschlagende Moment für die Beibehaltung der Zinsbeschränkungen im Hypothekenverkehr liegt. Aber diese Bevorzugung der Hypothekenanlagen seitens Einzelner ist gewis nichts, worauf die Grundbesitzer als auf Bleibendes bauen dürfen; die Marotten und Gewohnheiten können aufhören, ja gerade in ihr Gegentheil umschlagen. Denn es ist beides gleich wahr, daß das Rationelle schließlich überall durchdringt, und daß es nimmer und nirgends auf Erden allein herrscht.

Das einzige Ziel vernünftigen Strebens ist also, daß die Grundbesitzer das Kapital zu ebenso billigem Preise erhalten, wie andere gleichgestellte Kapitalsucher; jede weitergehende Forderung ist unbegründet und regelmäßig unerfüllbar. Der Preis des Kapitals besteht aber keineswegs blos in den Zinsen oder der Rente, die dafür gegeben wird, sondern in der Summe der Vortheile, die der Kapitalnehmer dem Geber zu gewähren hat. Uebrigens dürfte es an der Zeit sein, daran zu erinnern, daß es richtiger, d. h. dem sonst geltenden Sprachgebrauch conform wäre, nicht die Zinsen und was weiter der Nehmer giebt, als Preis des Kapitals, vielmehr nach altem deutschen Gebrauch das Kapital als Preis der zu constituirenden Forderung zu bezeichnen. Freilich ist dies ein Streit nur ums Wort, um den einer gewissen Anschauung zu gebenden Ausdruck, aber es ist auch bekannt genug, wie sehr der mangelhafte Ausdruck die Reinigung der Anschauungen zu hintertreiben und Misverständnisse festzuhalten geeignet ist. Beim Preise gedenken wir des Kaufgeschäfts, und Käufer ist der Kapitalgeber, nicht der Nehmer. Es gehört zu den wesentlichen Eigenschaften des Preises, daß er nur quantitativ verschieden, qualitativ stets gleich, d. h. von Ausnahmen abgesehen, stets aus demselben Stoff genommen sei; bei den Waaren aber begegnen wir ebenso qualitativen wie quantitativen Verschiedenheiten. Der Kapitalist erwirbt Staatspapiere Aktien Prioritäten, Pfandbriefe Hypotheken Wechsel Banknoten, er giebt dafür Geld, nichts anderes als Geld, in Wirklichkeit oder in Aequivalenten, gerade wie das bei jedem andern Kauf auch geschieht.

Ueberall reguliren Nachfrage und Angebot die Preise. Die Nachfrage resultirt aus dem erwerben Können und dem erwerben Wollen; hier also zunächst aus der Menge des für derartige Anlagen überhaupt flüssigen Kapitals, sodann aus der Neigung der Kapitalisten, Hypotheken und sonstige Grundobligationen zu erwerben. Diese Neigung bestimmt sich, wenn dabei consequent alles Marottenartige und thatsächlich Unberechenbare außer Ansatz bleibt, lediglich nach den Vortheilen, die bei dieser Anlage geboten werden, verglichen mit denen der concurrirenden Geschäfte.

Der Kapitalist, der als Beleiher von Grundstücken in Betracht kommt, fordert an erster Stelle Sicherheit; Spekulanten werden dem Grundbesitz nur ausnahmsweise Unterstützung gewähren, und es fragt sich, ob nicht zu rathen wäre, auf diese Hülfe lieber ganz zu verzichten. Sicherheit kann der Grundbesitzer in vollem Maße geben, freilich stets nur für begrenzte Summen. Zwei Irrthümer sind gleichmäßig zu meiden. Einmal den schon vorhin berührten, als ob Grundbesitzer im Stande wären, eine ganz eminente, bei keiner andern Kapitalanlage zu erreichende Sicherheit zu bieten. Absolute Sicherheit existirt überall nicht, bei jeder Anlage lassen sich Möglichkeiten denken, wie der Gläubiger unverschuldet um das Seine kommen könnte, und diese Möglichkeiten liegen für die schönsten Hypotheken und Pfandbriefe um nichts ferner, als für preußische Staatsschuldscheine, oder die ersten Prioritäten von Köln-Minden Berlin-Hamburg Oberschlesische. Andererseits aber darf auch die Sicherheit, welche die Hypotheken gewähren können, nicht unterschätzt werden. Weil es in Zeiten der Krisis geschehen, daß Güter bei der Subhastation nicht ein Viertel von dem ergaben, was der frühere Eigenthümer dafür bezahlt hatte, daß Häuser in Berlin nicht den zehnten Theil der Summen gedeckt, die hypothekarisch darauf eingetragen standen, darum darf man sich nicht gehalten glauben, die hypothekarische Sicherheit auf die hieraus zu berechnenden Minima herabzusetzen. Man muß auch hier bedenken, daß absolute Sicherheit nicht existirt und also auch nicht gefordert werden darf. Werthvolle Häuser sind schon für Einen Thaler zugeschlagen worden, und es wird kaum eine Garantie geschaffen werden können, daß dergleichen nie wieder geschehe; aber diese und die vorhergedachten Ausnahmsfälle sind eben als solche in die Rechnung zu ziehen, und nur die Durchschnittszahlen als maßgebend zu behandeln. Und diese sind für die von dem Grundbesitz zu gewährende Sicherheit durchaus nicht ungünstig. Bei weiterem Fortschreiten der Cultur, an dem vernünftiger Weise in unserer Zeit nicht zu zweifeln ist, muß der Werth des Grundbesitzes im Verhältnis zum Werth der edlen Metalle weiter und weiter steigen; es ist überdies anzunehmen, daß durch die Entwicklung der Landwirthschaft und die wachsenden Ansprüche an Bequemlichkeit und Pracht der Wohnungen der Grundbesitz auch an sich immer werthvoller werde. Die Beleihung bis zu einer hohen Quote des gegenwärtigen Werths würde also nach dem Durchschnittsmaßstab nicht als gefährliches Geschäft angesehen werden können, und es dürfte nur auf richtige Vertheilung des Risikos ankommen, um die Gefahr dabei für alle concreten Fälle in enge Schranken zu schließen.

Aber die Sicherheit allein genügt Niemand, der mit seinem Kapital Geschäfte machen will, er fordert für die aufgegebene Disposition über das Geld eine fortlaufende Reihe von Vortheilen, vor anderm Zins oder Rente. Jeder Kapitalnehmer ist etwas der Art zu geben bereit; ebenso bestehen für jeden gewisse Grenzen, über die hinaus er zunächst ohne eigenen Schaden, dann aber auch ohne Gefahr für den Kapitalgeber, diese Vortheile nicht gewähren kann. Diese Grenzen laufen nicht parallel bei den verschiedenen Kapitalsuchern. Für jeden Grundbesitzer wird man als Regel daran festzuhalten haben, daß er keinesfalls mehr als den Nettoertrag des belasteten Grundstücks gewähren könne; jedes Plus bedingt eine allmähliche Consumtion seiner Leistungskraft. Es wird aber sehr selten auch nur bis hierhin vorzugehen sein, nur dann, wenn der Grundbesitzer des Ertrags aus dem Grundstücke zum eigenen Unterhalt gar nicht bedarf, und überdies in der Lage ist, die zur Verwaltung desselben stets erforderliche Zeit unbezahlt aufwenden zu können; zwei Voraussetzungen, die bei städtischem Grundbesitz häufiger zutreffen als bei ländlichem. Ueberhaupt werden gerade in dieser Beziehung Verschiedenheiten der städtischen und ländlichen Grundbesitzverhältnisse nicht zu verkennen sein. Natürlich, daß Werth und Ertrag überall in gewissen gegenseitigen Relationen stehen, aber ebenso gewis, daß zwischen beiden durchaus kein constantes Verhältnis zu ermitteln ist. An richtiger Stelle im Sinne der Zeit erbaute Häuser können in größeren rasch wachsenden Städten einen Miethswerth von 8 bis 10 Procent, auch noch darüber, des hineingesteckten Kapitals ergeben; dagegen sind in mehren Provinzen die Erwerber größerer Landgüter zufrieden, wenn sie bei eigener Bewirthschaftung oder von Pächtern 4 bis $4^1/_2$ Procent des Kaufpreises erhalten. Dieser Unterschied dürfte sich in dem Resultat aussprechen, daß ländlicher Grundbesitz dem aufgeliehenen Kapital größere Sicherheit gewährt, der städtische aber eine höhere Rente bieten kann.

Uebrigens stehen darin wieder alle Grundbesitzer einander, aber auch allen andern Kapitalsuchern gleich, daß sie von jener Maximalgrenze möglichst weit entfernt zu bleiben, eine möglichst geringe Rente zu zahlen wünschen, während alle Kapitalisten möglichst viel erhalten möchten; die entgegengesetzten Interessen collidiren hier weit heftiger, als betreffs der zu fordernden und zu gebenden Sicherheit. Es folgt daraus ein fortwährendes Ringen, bei dem die Massen des Angebots und der Nachfrage bald dieser bald jener Seite ein Uebergewicht geben. Auf Seiten der Anbieter stehen neben den Grundbesitzern jetzt fast alle Culturstaaten, viele andere öffentliche Corporationen, industrielle und commercielle Unternehmungen von stets wachsender Zahl und Größe; jeder sucht die Waare, die er bietet, dem Geschmack des Kapitalistenpublikums bestens anzupassen. Darauf ist in neuester Zeit viel

Scharfsinn verwandt worden, beispielsweise setzt die Ausgabe von Stammaktien, wirklichen ursprünglichen, nicht nachcreirten Prioritäts-Stammaktien, eine sehr genaue Kenntnis der Menge auf die man dabei spekulirt, voraus. Um von der unerwünschten Höhe der Rente hinunterzukommen, bietet der Schuldner dem Kapitalisten mannigfaltige andere Vortheile. Unter diesen ist einer der beliebtesten die leichte Realisirbarkeit (Verfügbarkeit) der Kapitalforderungen. Allerdings ist dies etwas, das die Kapitalisten nicht ganz so allgemein wie die hohe Rente anzieht; diese fordert nur der nicht, der schenken will, dagegen hat für Viele die Leichtigkeit rascher Realisirung keinen oder sehr geringen Werth, man denke an öffentliche Institute, an große und kleine Kapitalbesitzer, die nichts haben wollen als die Gewisheit regelmäßiger Einnahmen und die alle mit jedem Umsatz verknüpften Unbequemlichkeiten mehr fürchten, als sie von der eventuellen Aussicht, Rente oder Kapital wachsen machen zu können, sich angezogen fühlen. Dies ist nicht unvortheilhaft für die Grundbesitzer, denn gerade in Betreff der Realisirbarkeit vermögen sie bei den von ihnen auszugebenden Obligationen vernünftiger Weise wenig zu prästiren. Es ist oft ausgesprochen, daß kurz kündbare Darlehen an Grundbesitzer zu Land und Stadt als verzweifeltes Mittel, das in den allermeisten Fällen das Uebel nur größer macht, angesehen werden müssen. Aber auch das ist nicht ungünstig, daß die meisten Concurrenten der Grundbesitzer sich in ähnlicher Lage befinden, und die Realisirung ihrer Papiere nicht in das Belieben der Gläubiger zu stellen wagen dürfen; Staatspapiere Prioritäten u. s. w. pflegen dem Gläubiger das Recht der Kündigung nur für den Fall zu geben, daß der Schuldner den übernommenen Verpflichtungen nicht nachgekommen sein sollte.

Darin aber stehen die Grundbesitzer größeren Kapitalsuchern nach, daß diese ihren Gläubigern an Stelle der Realisirbarkeit ein Surrogat gewähren können, das bei der gegenwärtigen Ordnung der Verhältnisse außer dem Vermögen jener liegt. Die Besitzer von Staats- und den gangbaren industriellen Papieren haben zwar nicht die Möglichkeit, ihr Kapital nach Belieben al pari herauszuziehen, aber sie können es doch überhaupt herausziehen, ohne von dem guten oder schlechten Willen Einzelner abzuhangen. Dieser Vortheil, entsprungen aus der leichten Uebertragbarkeit dieser Papiere, hat durch die Entwickelung des Börsenverkehrs feste Gestalt bekommen. Freilich sind Hypotheken auch übertragbar, und gewähren deshalb dem Nehmer auch den Vortheil, durch Veräußerung an Dritte eventuell wieder zu seinem Gelde zu kommen, der Vortheil ist aber hier darum erheblich geringer als bei den Inhaberpapieren, weil der Uebertragungsakt selber umständlicher ist, und für die Höhe des im gegebenen Augenblicke zu zahlenden Preises keine allgemeinen Regeln bestehen, der Veräußerer also neben der sicher größeren Mühe der Uebertragung auf einen neuen Bewerber keine Gewähr dafür hat, weder einen solchen überhaupt zu finden, noch, wenn ihm dieses gelungen, von demselben ein objectiv angemessenes Angebot zu erhalten. Inhaberpapiere sind präsente Aequivalente zwar nicht des al pari — aber doch ihres öffentlich bekannten Courswerthes, Hypotheken sind das nicht, überall haben sie keinen für den Augenblick festen Werth.

Kehren wir zu dem von allen Anleihern zu gewährenden Hauptvortheil, zur Rente zurück. Diese braucht nicht nothwendig eine allezeit feste zu sein. Schwankende Renten sind bei industriellen Anleihen unter dem Namen der Dividenden längst im Gebrauch. Es ist vorgeschlagen, Aehnliches mit passenden Veränderungen auch für unsere Grundschulden einzuführen. Das könnte nur in der Weise geschehen, daß erstlich eine kleinere Rente von festem Betrage, und zu dieser zweitens eine Zuschlagsrente von wechselndem, sei es nach der allgemeinen Zinssatz- (Disconto-) Höhe, nach den Getraidepreisen, oder nach anderen schwankenden Thatsachen zu normirendem Betrage. Daß hierdurch die Anziehungskraft der Grundobligationen nicht unerheblich gesteigert werden würde, und vielleicht durch den stärkeren Zufluß von Kapital trotz den in Aussicht gestellten Mehrausgaben schließlich reelle Ersparungen für die Grundbesitzer erzielt werden könnten, ist ersichtlich; aber auch die Gefährlichkeit des Experiments für kritische Zeiten Es könnte geschehen, daß der Gutsbesitzer, gerade wenn ihm selber nicht blos Geld, sondern alle mobilen Werthe am knappsten, und fremdes Geld am schwersten flüssig zu machen wäre, daß er dann die höchste, eine für den Augenblick in der That unerschwingliche Rente zu zahlen bekäme. Dagegen scheint der Vorschlag ebenso ungefährlich wie Erfolg versprechend: bei städtischen Grundschulden eine mit dem Miethsertrage des belasteten Grundstücks steigende Zuschlagsrente einzuführen. Der Schuldner könnte dabei nie in die Lage kommen, über seine Kräfte sich anstrengen zu müssen, und die Gläubiger würden in der Erwartung des mit der Zeit wachsenden Gewinnes einen Grund finden, ihr Geld auf lange Jahre hinaus fest anzulegen.

Daß dem Gläubiger bei der Rückzahlung ein Kapitalgewinn zugesichert wird, ist in der That nur eine andere Form für die Erhöhung der Rente, bei manchen Geschäften versetzt mit aleatorischen Elementen. Diese Form ist aber eine äußerst empfehlenswerthe, nicht blos darum, weil die Kapitalgeber sich leicht über die reale Höhe der gebotenen Vortheile täuschen, und meist damit mehr als wirklich zu erhalten vermeinen, sondern weil sie auch den wahren Interessen der Geber entspricht, ohne die Kapitalnehmer unverhältnißmäßig zu belasten. Der Kapitalzuschlag erscheint als naturgemäße Correctur der aus dem perpetuirlichen Sinken des Werths der edlen Metalle bei allen auf lange Dauer gegebenen Darlehen unvermeidlichen Uebelstände; der Gläubiger, der nach N Jahren P Prozent Zuschlag zu seinem Kapital zurückerhält, bekommt nun anscheinend mehr als er gegeben, thatsächlich wird er dadurch nicht reicher, sondern nur nicht ärmer. Eben des fallenden Geldwerths wegen kann die spätere Rückzahlung einer größeren Summe auch dem Schuldner keine Schwierigkeit machen. Aber auch abgesehen hiervon würde die dem Schuldner zuzumuthende Mehrbelastung bei Darlehen auf lange Fristen sehr mäßige Schranken nicht überschreiten. Beispielsweise: ich schulde 80 zu 5 Procent, die ich nach 50 Jahren mit

100, also einem Zuschlag von 25 Prozent des alten Kapitals, zurückzuzahlen versprochen habe; so habe ich, um dies zu erreichen, alljährlich statt 5 Procent nur etwa 5,1 Procent, ein Plus von sehr wenig über $^1/_{10}$ Procent aufzubringen, das innerhalb 50 Jahren auf Zinseszinsen kapitalisirt die erforderlichen 20 ergeben wird. Statt 4 Thlr. jährlich 4 Thlr. 3 Sgr. zu beschaffen, wird keinen Schuldner merklich belästigen, die Aussicht auf 25 Procent Kapitalgewinn aber manchen Gläubiger locken. Man könnte sagen, der Gläubiger thäte aber doch klüger daran, eine höhere Rente zu fordern, und einen gewissen Theil davon dann selber zu Zinseszins zu kapitalisiren, und auf die Unklugheit dürfen wir nicht rechnen, — das trifft darum nicht zu, weil auch der kluge Gläubiger bald keine Gelegenheit hat, so zu kapitalisiren, bald, wenn er sie hat, doch davon Gebrauch zu machen unterläßt, indem es durchaus natürlich erscheint, daß Jahreseinnahmen und Jahresausgaben sich balanciren, und die Wenigsten daran denken, daß das Verzehren der ganzen Einnahmen thatsächlich ein Zehren vom Kapital ist. Aber die Schuldner werden das Kapitalisiren der Rente ebenso verabsäumen, — wogegen zu erwidern ist, daß bei der Organisation des ganzen Grundschuldenwesens darauf Bedacht zu nehmen wäre, Institute herzustellen, die dieses für den Einzelnen allerdings immer etwas unbequeme Geschäft des Kapitalsammelns durchzuführen geeignet sind; und wo der Schuldner diese Hülfe in Anspruch zu nehmen, und ebenso jede eigene Thätigkeit zu dem gleichen Zwecke unterließe, würde, wie gesagt, des sinkenden Geldwerths wegen die größere Rückzahlung den Bereich des Möglichen nicht überschreiten.

Gerühmt sind Hypotheken oft wegen eines Vorzugs, den sie vor anderen Kapitalanlagen, namentlich den an Inhaberpapiere geknüpften, besitzen sollen: Untrennbarkeit der Forderung von der Person des Berechtigten ohne Einwilligung desselben, und daraus fließende Sicherheit gegen Diebstahl und anderen widerrechtlichen Eingriff Dritter. Der Vortheil ist vorhanden, aber er ist so gering, daß man ihn fast illusorisch nennen könnte. Die wirklich bestehende

Gefahr läßt sich mit einiger Vorsicht auch bei den Inhaberpapieren auf ein Minimum reduciren, und was das Entscheidende ist, die große Mehrzahl der Kapitalbesitzer der Gegenwart hegt keine Angst vor dieser Art der Gefahr, und ist darum wenig geneigt für den Wegfall derselben irgend etwas Beachtenswerthes von der Höhe der Rente oder sonstigen Vortheilen nachzulassen.

Die eben besprochene eigenthümliche Sicherheit der Hypotheken gegen Diebstahl steht mit andern Eigenthümlichkeiten derselben im innigen Zusammenhange, die unzweifelhaft vom Uebel sind, namentlich den Umständen und Weitläufigkeiten bei jeder Eintragung und Cession. Die Schwerfälligkeit des Verkehrs schreckt Manchen ab und fordert von denen, die doch darauf sich einlassen, einen gewissen Aufwand von Zeit und Geld, für den dann wieder ein Ersatz gefunden werden muß. Wer nicht bereits Erfahrung in diesen Geschäften erworben hat, den überkommt bei den verschiedenen Cognitionen und Formalitäten ein Gefühl der Unsicherheit, das ihm die Benutzung eines Rechtsbeistandes empfiehlt, dessen Zuziehung wiederum neuen Aufhalt und Kosten verursacht. Ist die Forderung gehörig erworben, so entstehen Bedenken wegen der Zinsen, wenn der Kapitalempfänger kein prompter Zahler ist, oder wenn, was der Gläubiger nicht verhindern kann, das Grundstück an solchen schlechten Zahler veräußert wird. Freilich steht dem Gläubiger Rechtsschutz zur Seite, die Zinsklage und meistens auch die Kapitalkündigung, aber beides sind für den Laien wieder sehr unbequeme Akte, und selbst wenn er die Sache dem Rechtsfreund in die Hände giebt, so mag wol der schließliche, aber nicht auch der augenblickliche Erfolg als gesichert gelten. Das reine Hypothekenrecht, ohne Zuhülfenahme von anderen Instituten, Versicherungsbanken und ähnlichen, ist durchaus außer Stande, Garantien für die Pünktlichkeit des Eingangs von Zinsen und Kapital zu geben. Ueberdies gehen aus Hypothekenforderungen, zumal wegen der Zwitternatur des Rechts, das meist noch als publicirte Accession einer nicht publicirten Hauptschuld behandelt wird, nicht selten unangenehme Processe hervor, mit Rechtsfragen über welche die verschiedenen Gerichte noch weitab sind zur Einigkeit gelangt zu sein; desgleichen sind die Subhastationen vielfach wahre Nester von Streitigkeiten geworden.

Diese Nachtheile stellen sich nun freilich nicht gleichmäßig bei allen deutschen Hypothekenordnungen heraus, sie sind bei der preußischen (von 1783) sehr bedeutend, bei andern, zumal bei den revidirten Mecklenburger Ordnungen, viel geringer. Aber völlig überwunden sind sie nirgends, und es wird sich zeigen lassen, daß sie zum Theil an dem Wesen der Institution, wie diese jetzt ist, haften.

Fassen wir die letzten Betrachtungen zusammen. Neben den Grundbesitzern drängen sich jetzt immer mehr Sucher auf den Kapitalmarkt, jeder ist bestrebt sein Angebot den Wünschen der Kapitalisten bestens anzupassen, um dadurch übrigens die günstigsten Bedingungen zu erlangen. Der Begriff dieser „günstigen Bedingungen“ ist in der Hauptsache derselbe für alle: obenan die Veräußerung einer möglichst niederen Rente, oder lieber der Erwerb eines möglichst hohen Preises (Kapitals) für die veräußerte Rente. Es liegt auf der Hand, daß betreffs dieses Hauptvortheils von den Kapitalisten am meisten erhalten wird derjenige, der in den anderen Beziehungen dem Verlangen der Kapitalisten am weitesten entgegenkommt, und es ist ferner einleuchtend, daß bei dieser Concurrenz die Stellung der Hypotheken offerirenden Grundbesitzer zur Zeit nichts weniger als eine bevorzugte ist. Zu helfen aber ist den Grundbesitzern nur dadurch, daß man ihnen die Möglichkeit eröffnet, den von ihnen auf den Markt gebrachten Renten diejenigen Eigenschaften zu geben, die von den Kapitalisten gesucht und bezahlt werden.

Es ist von Wichtigkeit festzuhalten, daß nur auf diesem Wege die Hebung des Grundkredits bis zu der nicht beliebig zu ändernden Normalhöhe bewerkstelligt werden kann. Der Staat vermag darauf hinzuwirken, daß mit der Zeit die Menge des vorhandenen Kapitals wachse, aber im einzelnen Augenblicke ist diese

Menge eine thatsächlich gegebene, von dem Willen eines sowie aller Staaten unabhängige. Der Staat könnte bei der Concurrenz einzelne Kapitalsucher zurückhalten, oder ganz unterdrücken; es wird aber keines Beweises bedürfen, daß dies den Grundsätzen gesunder Finanzpolitik schnurstracks zuwiderliefe, und auch nur für kurze Zeit durchzuführen wäre. Der Staat kann dem einzelnen Concurrenten nur damit helfen, daß er ihm die größte zulässige Freiheit der Bewegung gewährt, um so das möglich größte Kapital für seine Bedürfnisse heranzuziehen.

Bedenkt man nun, daß die Wünsche aller Kapitalisten nicht ganz gleiche sind, und daß auch nicht alle Kapitalisten auf einem Flecken sich befinden, so wird von den verschiedenen Kapitalsuchern sicher der am besten fahren, dessen Waare am meisten Elasticität besitzt verschiedenen Wünschen gerecht zu werden, und zugleich so transportabel ist, daß sie wo möglich allen Kapitalisten, wo irgend auf der Erde sie sich aufhalten, offerirt werden kann. In beiden Beziehungen sind die Grundbesitzer durch die bestehenden Hypothekenordnungen beschränkt: die Waare, wie sie von ihnen jetzt allein ausboten werden kann, ist mit Mängeln behaftet, welche sie den Augen jedes rationellen Kapitalbesitzers weniger anziehend erscheinen lassen müssen, und ist zudem von so geringer Transportabilität, daß sie nur für einen local eng beschränkten Kreis von Geldmännern als Ewerbsobject in Betracht kommen kann.

Die Hypothekenreform muß daher die doppelte Tendenz haben: die Grundschulden von dem Beiwerk zu entkleiden, das sie dem Kapitalisten minder werthvoll macht als andere ähnliche Rentenforderungen; und den Absatz derselben auf den Märkten zu ermöglichen, wo größere Kapitalmassen umgesetzt werden. Eines wie das Andere ist ohne Rechtsänderung nicht zu bewirken, aber diese für sich allein genügt keinem von beiden Zwecken.

Die Rechtsreform dringe vor bis zu den anscheinend letzten Grenzen des Möglichen, weit hinaus über das, was von irgend einer der geltenden Ordnungen, der Bremer oder einer Mecklenburger geboten wird, und was vermuthlich von dem neuen preußischen Entwurfe geboten werden wird. Die kühnsten bis jetzt bekannten Forderungen erstrecken sich etwa auf folgende Punkte:

I. Beseitigung aller Beschränkungen, die sich auf das Höhenverhältnis von Leistung und Gegenleistung, Kapital und Rente nebst Zuthaten sich beziehen, mit anderen Worten, der Wuchergesetze.

II. Anerkennung der Grundschulden (Hypotheken) als selbständiger dinglicher Rechte an Grund und Boden. Es handelt sich hierbei um zweierlei. Einmal die Ablegung des accessorischen Charakters der Hypotheken. Ein greifbares (publicirtes) Recht zum Annex eines nicht greifbaren, und damit ersteres von den Schicksalen des letzteren abhängig zu machen, ist ein logischer Widerspruch, der in die Wirklichkeit gesetzt zu praktischen Inconvenienzen führen muß. Diese sind in dem bisherigen Rechtsleben nicht ausgeblieben. Wenn man dennoch daran fast überall festgehalten hat, so ist dies geschehen, einmal in Folge der Autorität des römischen Rechts, dem gegenüber man nur langsam sich dahin durchringen konnte, die moderne Hypothek, ähnlich der Inhaberpapierforderung und dem Aktienrecht, als eigenartiges Produkt des Geldverkehrs unserer Tage anzuerkennen, dann aus Furcht, der Kredit der Hypotheken könne leiden, wenn die concurrirende Personalhaftung in Fortfall käme. Aber der Werth, den diese Concurrenz für den Hypothekenkredit besitzt, ist, wie die Erfahrung lehrt, ein äußerst geringer; überdies ließe sich der kleine Schaden leicht dadurch heben, daß man persönliche Haftungen als Accessorium der Grundschuld zuließe, denn unpublicirte Annexe von greifbaren Rechten sind weder unlogisch noch unpraktisch. Alle anderen Gründe für Beibehaltung der accessorischen Natur der Hypotheken sind aus der Luft gegriffen. Zweitens aber wäre zu erfordern, daß der Charakter der neuen dinglichen Grundschulden nicht blos oberflächlich und unbestimmt angedeutet werde, wie im Entwurf von 1864; vielmehr muß der neue Rechtsbegriff scharf und fest ausgedacht und in Details consequent entwickelt in die Welt treten, um vor den bösen Folgen, die aus jedem unklaren Gedanken hervorschießen, sicher zu sein. Die Theorie des Grundschuldenrechts soll so einfach und klar sein, daß der aus diesem Verkehre entstehenden Prozesse nicht mehre sind, als wir jetzt aus dem Inhaberpapierverkehre erwachsen sehen.

III. Aufhebung des Legalitätsprincips mit allen Consequenzen, desgleichen aller irgend entbehrlichen Formalitäten. Demgemäß Einführung eines die größte Glätte und Bequemlichkeit des Verkehrs gewährleistenden geschäftlichen Verfahrens bei der Buchverwaltung.

IV. Größtmögliche Steigerung der Cessibilität der Grundobligationen. Dieses Verlangen zwingt uns unwiderstehlich bis zur Annahme der Inhaberpapiere hin. Zunächst muß das Requisit der Umschreibung im Buch als den Verkehr hemmend in Fortfall kommen, die Uebertragung der Forderung muß lediglich durch den Schein, der dem Gläubiger ausgehändigt wird, bewirkt werden können. Der Schein muß eine der begehrten Transportabilität entsprechende Gestalt erhalten, keinesfalls dürfen ihm lange Dokumente angehängt sein, ein einzig Stück Papier, aus dem alles Wesentliche leicht ersichtlich ist. Und die Uebertragung selber geschieht durch einfaches Notat auf dem Schein, also durch Giro; auch durch Blancogiro? — warum dann nicht gleich durch bloße Uebergabe ohne Notat? was sicher den Betheiligten stets die allergeringste Mühe macht.

Wir stehen am Ende der gewünschten und, wie uns jetzt dünkt, überhaupt der denkbaren Rechtsänderungen; was hier nicht mit erwähnt ist, sind hiermit verglichen Kleinigkeiten, die als selbstverständlich gelten mögen. Aber was ist damit erreicht? Der Grundbesitzer könnte dem Kreise von Kapitalisten, denen er und sein Gut bekannt wäre, oder bekannt werden könnte, einen Theil der Vortheile bieten, welche die großen Kapitalsucher mit der Ausgabe von Inhaberpapieren gewähren, allerdings erheblich mehr als jetzt. Aber mit all' diesen Reformen kann er seinem Gläubiger keine Garantie für den pünktlichen Eingang von Zinsen und Kapital geben, und wenn dieser doch eine solche in der Persönlichkeit des ihm als ausgezeichnet zuverlässig bekannten Schuldners finden wollte, so reicht die Garantie doch nimmermehr über die Lebenszeit des gegenwärtigen Grundbesitzers hinaus, und steht also fortwährend auf zwei Augen. Das einzige, was mehr geboten werden könnte, als bei Inhaberpapieren gegeben zu werden pflegt, wäre die Einräumung eines mehr oder weniger ausgedehnten Kündigungsrechts; es ist aber schon bemerkt, wie große Gefahren für den Grundbesitz gerade hiermit verknüpft sind. Und wenn darum der einzelne Schuldner nur lange Darlehen annehmen darf, so vermag er dem Darleiher auch nicht den Ersatz der stets präsenten Realisirungsmöglichkeit durch Verkauf zu einem gewissen Courswerthe in Aussicht zu stellen. — Also bleibt der Kredit suchende Grundbesitzer hinter den anderen Concurrenten noch immer um ein Erhebliches zurück, und wird folgeweise, um wieviel er im Uebrigen den Anforderungen der Kapitalisten weniger zu genügen vermag, an Rente mehr zahlen müssen. Dies gilt aber nur für das relativ kleine Gebiet, auf dem ein Bekanntsein des Individuums, des Guts und des Menschen, zu ermöglichen wäre, darüber hinaus ist gar kein Kredit für ihn zu finden, hier anderen Kapitalsuchern Concurrenz zu machen, würde durchaus unthunlich sein.

Dem Grundbesitzer wirksam zu helfen, muß Beides erreicht werden: er muß, wenn er die Concurrenz auf dem eigenen nächsten Markte aufnimmt, keinem anderen Kapitalsucher gegenüber irgendwie im Nachtheil zu bleiben gezwungen sein; und er muß seinen Kredit auch auf fremden, schließlich auf allen großen Geldmärkten zu entwickeln vermögen. Der Gedanke ist nicht so überschwänglich, wie er zuerst scheinen mag. Spanische russische italienische Papiere sind an der Berliner Börse längst gehandelt worden, so gut wie die einheimischen; auch die Amerikaner sind über den Ocean gekommen und haben sehr freundliche Aufnahme gefunden. Die Pariser und die Londoner Börse haben einen noch bunteren Sortenzettel fremder marktgängiger Waaren. Es liegt in jeder Weise in der Richtung der Zeit, den Umfluß der Kapitalien zu mehren und zu beschleunigen. Nun mag man bemerken, daß nur solche Ausländer Erfolg hätten, die höhere Rente geben als einheimische Effekten, und vielleicht vermuthen, daß, wenn die Ausländer schon unser Geld suchen, für uns davon im Auslande wenig zu finden sein würde. Die Vermuthung ist unbegründet: können wir dem Auslande Papiere zuführen, die andere Vortheile gewähren, welche die dort einheimischen Effekten zu geben nicht im Stande sind, namentlich größere Sicherheit, so werden wir bei genügender Ausdauer auch im Auslande für unsere Effekten schließlich bessere Preise erreichen, als sonst dort gezahlt zu werden pflegen. Es ist eine vielfach bestätigte Erfahrung, daß gerade Kaufleute und Spekulanten oft sehr geneigt sind, einen wenn auch kleineren Theil ihrer disponiblen Fonds in möglichst sicherer Weise anzulegen, und wo sie diese zu finden vermeinen, mit sehr niedriger Rente sich zufrieden geben; beispielsweise erinnere man sich der Summen, die von Hamburger Geschäftsleuten in Mecklenburger Hypotheken angelegt sind. Und im Auslande existiren stellenweis große Kapitalmassen, die noch immer nicht mehr Zins bringen als 3—4 Procent, so besonders die in der englischen Staatsschuld befindlichen. Beweisen wir den Engländern, daß der norddeutsche Grundbesitz als Schuldner zum mindesten dieselbe Sicherheit bietet wie der englische Staat, werfen wir ihnen Obligationsmedien in die Hände, die ihrem Geschmack ebenso gut entsprechen wie die gangbaren Consols, und die dann noch einige Vortheile vor diesen voraus besitzen, so werden wir auch dort nicht ohne Erfolg concurriren.

Um die Grundschulden überall auf den Markt bringen zu können, reichen die Rechtsreformen allein offenbar nicht aus; ja es kann zweifelhaft erscheinen, ob z. B. die Einführung der Inhaberpapiere für sich allein, ohne begleitende weitgreifende Neugestaltungen überwiegenden Nutzen verspräche. Von sonst erforderlichen Aenderungen ist

A. die Einrichtung besonderer Hypothekenämter praktisch vielmals und theoretisch fast überall schon zugestanden. Diese Forderung darf aber nicht auf das Maß der gewöhnlich damit angenommenen Consequenzen beschränkt bleiben. Der Wechsel des Namens, der äußeren Einrichtungen, der vorgesetzten Behörden, die Auseinanderlegung der richterlichen und der hypothekarischen Carriere, mag Alles recht gut sein, aber genug ist es nicht. Wol aber wäre das ein entscheidender Schritt vorwärts, wenn die Hypothekenämter aufhörten Staatsorgane, die Hypothekenbeamten Staatsbeamte zu sein, dem Staat nur das Aufsichtsrecht und damit die Pflicht die Qualification der Beamten zu normiren und zu prüfen bliebe. Ein Vortheil, der sich hieraus ungesucht ergäbe, wäre der einer angemessenen Kostentaxe; denn so lange der Staat das Geschäft der Buchführung selber betreibt, wird stets eins von beiden platzgreifen, entweder daß er überschießendes Einkommen bezieht aus dem Verkehr der Grundschuldner und Grundgläubiger, d. h. daß er diesen Verkehr einer Steuer unterwirft und dadurch einschränkt, oder, was noch weniger zu rechtfertigen, daß die andern Staatsangehörigen gezwungen werden, aus ihrem Säckel zuzuschießen, um eben diesen Verkehr zu fördern. Wichtiger aber noch wäre, daß auf Grund dieser ersten weitere Aenderungen leicht möglich werden.

B. Dasselbe Institut, dessen Organe die Grundbuchämter würden, hätte die Auszahlung der von den Grundbesitzern geschuldeten Zinsen an die Kapitalisten zu übernehmen. Erst hierdurch bekommt die Ausstellung der Grundobligationen auf den Inhaber Werth. Die auszugebenden Zinscoupons müßten allerorts mit gleicher Leichtigkeit realisirt werden können, wie die von Staatsanleihen und industriellen Unternehmungen. Dies zu bewerkstelligen, geht über die Kräfte des Einzelnen, für ein großes Geldinstitut gehört die Aufgabe keineswegs zu den schwersten.

C. Eben dieser allgemeine Grundschuldenverband müßte auch Garantie für die von den Grundbesitzern zu machenden Kapitalzahlungen leisten. Diese Sonderung der Zins- und der Kapitalzahlungsgewähr rechtfertigt sich aus dem ökonomisch sehr verschiedenen Charakter der beiden Geschäfte, so wie daraus, daß jedes von beiden eine andere Reihe von andern Geschäften gleichsam als nothwendige Consequenzen nach sich zieht; keineswegs aber soll damit der Gedanke angedeutet werden, als ob die Zinsvermittlung auch wol einem ersten und die Kapitalienzahlungen einem zweiten Institute übertragen, oder auch nur Ein Institut veranlaßt werden sollte, für dieselbe Schuld unter Umständen eine Gewährleistung ohne die andere zu übernehmen. Ob übrigens beide Garantien von dem Institut in der Form von accessorischen Verpflichtungen, Bürgschaften zu den principalen Grundschulden hinzutreten, oder ob das Institut den Kapitalisten allein haften solle, wogegen wieder die Grundbesitzer ihm sich zu verpflichten hätten, ist keine das Wesen des Unternehmens, nur den Ausführungsmodus berührende Frage.

Treten diese neuen Einrichtungen zu den vorher besprochenen Rechtsänderungen, so wird der Grundbesitz im Stande sein, alle von Seiten der Kapitalisten aufzustellenden billigen Wünsche zu befriedigen und auf allen Märkten die Concurrenz mit jedem andern Kapitalsucher aufzunehmen. Freilich wird man sich nicht verhehlen dürfen, daß hier, wie fast überall, auf die Verwaltung leicht mehr noch ankommen kann, als auf die Verfassung. Das best fundirte Institut würde durch fortgesetzte Ungeschicklichkeiten die Entwicklung seines Kredits ersticken, während umgekehrt manche Fehlgriffe bei der Einrichtung durch geschickte Geschäftsführung unschädlich gemacht werden könnten.

Daß der Staat die Kapital- und die Zinsvermittlung übernähme, wäre an sich nicht undenkbar, es mag auch dawider nicht erinnert werden, daß der Staat zu solchen auf das commercielle Gebiet gehörigen Geschäften wenig geschickt sei, nachdem dies Vorurtheil bei der Verwaltung der Eisenbahnen glänzend widerlegt ist. Aber das Eintreten des Staats würde eine Vermengung verschiedenartiger Interessen herbeiführen, und manche zur Förderung des Grundkredits dienliche Maßregeln würden unterbleiben aus Besorgnis, den allgemeinen Staatsinteressen damit entgegenzuwirken. Aus denselben Gründen und wegen des Conflicts von noch mehren divergirenden Interessen wäre auch die Herstellung eines gemischten Staatsinstituts, wie etwa die preußische Bank ist, nicht zu empfehlen. Bei einem reinen Aktienunternehmen käme wenigstens das Hemmnis aus der fortlaufenden Rücksicht auf den Staatsvortheil in Wegfall; aber die collidirenden Interessen bleiben auch hier, die Aktionäre fordern hohe Dividenden und diese müssen von den Schuldnern als Plus über das Maß des für den Kredit Nothwendigen hinaus aufgebracht werden. Diese Mehrausgabe kann dem Grundbesitz allein durch ein nach dem Princip der Selbsthülfe auf Gegenseitigkeit basirtes Institut erspart werden. Ob und wie ein solches in den projectirten großen Dimensionen auszuführen ist, soll im Nachstehenden erwogen werden. Sollte die Möglichkeit sich herausstellen, so läge für den Staat in der Einbuße an Einfluß sicher kein Grund, der Einführung zu widerstreben, da er in indirecten Vortheilen bald reiche Entschädigung zu finden vermöchte.

Schließlich kann noch eines Einwurfs kurz gedacht werden, dem nicht alle Berechtigung abzusprechen ist. Der Grundbesitzer darf nicht hoffen, Kapitalien geliehen zu erhalten zu Zeiten, wo überhaupt nicht geliehen wird. Was bisher ausgeführt worden, fußt auf demselben Gedanken, und es mag ohne Weiteres zugestanden werden, daß die vorgeschlagenen Reformen und neuen Institutionen sämmtlich unter besonders kritischen Umständen für den Augenblick keine Hülfe gewähren würden.

Eine solche Krisis war im vorigen Sommer eingetreten. Einzelne Grundbesitzer, ebenso Kreise und Städte, haben sich Wochen lang in Verlegenheit befunden wegen relativ kleiner Summen, die baar aufzubringen waren. Niemand zweifelte an der Sicherheit, die sie boten, und doch war Geld nur zu unverhältnismäßig hohem Zins, und bisweilen gar nicht zu haben. Dies kann um so bedenklicher erscheinen, als ganz Norddeutschland wahre Kriegsnoth in keinem Augenblick empfunden hat. In solchen Zeiten würde also auch der Grundschuldenverband trotz Inhaberpapieren Zins- und Kapitalgarantien nicht gleich Geld zu schaffen vermögen.

Wer gerade unter diesen Verhältnissen besonders gelitten hat, mag sagen, was nutzen Einrichtungen die hiergegen keinen Schutz bieten? Aber er begehrt Unmögliches; auch Staatspapiere und die besten Prioritäten sind in diesen und ähnlichen Zeiten bald nur mit großem Verlust, bald gar nicht verkäuflich. Daß das Zusammentreffen von Aengstlichkeit und Spekulationslust eine momentane Stokkung erzeugt, ist für jetzt etwas Unvermeidliches; es giebt keine Institution, die dagegen sichern könnte, der Einzelne muß sich selber helfen. Für solchen Nothfall hat der Staat seinen Staatsschatz, der, ganz im Gegentheil zu dem was einseitige Theoretiker zu predigen nicht müde werden wollten, eine der rationellsten Finanzeinrichtungen ist die je erfunden. Als ob Zinsen der einzige Vortheil wäre, den man aus einem Kapital ziehen kann. Dieselbe gesunde Finanzpolitik räth aber auch den Communen Kreisen u. s. w., ihren Verhältnissen entsprechend sich in ähnlicher Weise einen Schatz für den schlimmsten Fall heranzusparen. Wo dies nicht geschieht, werden die Einzelnen gerade dann zu den höchsten Geldcontributionen herangezogen werden müssen, wann baares Geld nur mit großen Opfern oder gar nicht zu haben ist.

Bedenken und Erwägungen.

Wider die Reformvorschläge, die im Vorstehenden skizzirt sind, müssen all die Einwendungen sich kehren, die dem schon oft behandelten Gedanken, Hypotheken auf den Inhaber auszustellen, entgegengehalten zu werden pflegen. Die Bedeutung dieser Einwürfe beruht weniger auf ihrem eigenen Gewicht, als auf der Zahl und der Stellung derjenigen, von denen sie ausgehen. Es ist nicht zu verkennen, daß in den auf die Fortbildung des Rechtes einflußreichsten Schichten unseres Juristenstandes eine vielleicht mehr dem Gefühl als der Reflexion entsprossene Antipathie gegen gerade diese Art des Fortschritts sich behauptet. Daß der neueste justizministerielle Entwurf einen Umschlag in dieser Richtung bekunden werde, steht kaum zu hoffen, und es scheint darum geboten, auch jetzt noch auf den im Entwurf von 64 erhobenen Widerspruch zurückzugehen.

Schon der Revisor des betreffenden landrechtlichen Pensums XIII. hatte bemerkt, und der Entwurf wiederholt beipflichtend:

> das Hypothekeninstitut sei nicht dazu bestimmt, den Grundwerth in gesicherten Forderungen in mobile Geldwerthe umzuschaffen, eine Zettelbank daraus zu bilden. Zweck sei der Realkredit, nicht Schaffung von geldwerthen Papieren oder Zahlungsmitteln, weil Hypothekenbriefe ohne schützende deckende Fonds einer Bank oder Kreditbehörde, wie bei Pfandbriefen, auf den Inhaber gestellt, zu leichtsinniger Verschuldung führen, in Unglückszeiten den Ruin drohen, falls sie kündbar seien, außerdem aber gar keine wirkliche Sicherheit gewähren.

Dies ist unklar, wenn nicht gedacht, doch ausgedrückt. Gewis ist der Realkredit Zweck, aber wie dann, wenn eben dieser Zweck die Schaffung von Inhaberpapieren fordert, und, was wir behaupten, nur mit diesem Mittel zu erreichen ist? Daß Inhaberpapiere zu leichtsinniger Verschuldung führen müssen, davon nachher; daß dieselben, unbeschränkt kündbar, in Unglückszeiten Ruin drohen, ist bereits zugegeben, deshalb sollen sie auch nicht unbeschränkt kündbar ausgestellt werden. Daß sie aber bei beschränkter oder gar aufgehobener Kündbarkeit „keine wirkliche Sicherheit gewähren", war eine unbegründete, nur aus dem Mangel an Erfahrung zu erklärende Vermuthung; wir haben jetzt auf allen Plätzen Milliarden von zinstragenden Werthpapieren im Umlauf, die Niemand der Unkündbarkeit wegen unsicher achtet.

Von anderen Einwendungen des Entwurfs kommen folgende in Betracht:

> der Besitzer würde dem beliebigen Inhaber, der nur seinen Geldvortheil suchte, verpflichtet werden, und auf geschehene Präsentation nach Eintritt der Fälligkeit zahlen müssen, ohne auf Nachsicht rechnen zu können;

als ob das unter den bestehenden Verhältnissen in der Regel anders wäre, die Masse der gegenwärtigen Hypothekengläubiger nicht ihren Geldvortheil zu suchen, sondern aus reiner Sentimentalität Nachsicht zu üben pflegte. Die Zeiten der Herrschaft patriarchalischer Gemüthlichkeit haben leider jetzt schon aufgehört; und wer für seine Person fest entschlossen ist, mit dem Kreditgeben ausschließlich Andern zu nützen, wird dies auch nach der Reform noch können.

> Der Gläubiger, welcher eine sichere, dauernde Anlage des Kapitals bezweckt, würde gegen etwaigen Verlust (Diebstahl und dergleichen) sich nur durch Außercourssetzung schützen, und durch kostspielige nicht einmal unbedingt sichernde Incourssetzung bei eintretendem Bedürfnis erst weiter verfügen können.

Es ist schon erwähnt, wie wenig das Geschlecht unserer Tage

vor diesen Gefahren sich fürchtet. Auch mit kleineren Mitteln kann man sich unschwer gegen jene Eingriffe friedensbrecherischer Gewalt fast absolut sichern; wie viel Hunderttausendstel des ganzen in Berlin vorhandenen Inhaberscheinkapitals werden denn wol alljährlich gestohlen? Und zudem ließe sich auch die Außercours- und Wiederincourssetzung für die ängstlichsten Gemüther bequem und billig herstellen.

> Die Beziehung von dem bestimmten Gläubiger zum Realschuldner würde dadurch ganz beseitigt;

das ist gerade, was zur Erweiterung des Marktes unbedingt gefordert werden muß.

> Bei dem größten Theile des Volkes würde die Gefahr der Verschleuderung ihres Vermögens gesteigert werden. — Wird dem Privateigenthümer jener Weg der schleunigsten Realisation eröffnet, so wird dadurch das Vermögen der Familien großen Gefahren preisgegeben.

Damit wären wir denn wieder zu dem unerledigt gebliebenen Bedenken des Revisors zurückgekehrt.

Also die Grundeigner zuerst werden das Ihrige verthun, wenn man es ihnen leicht macht, Geld unter erträglichen Bedingungen geliehen zu erhalten; und die ausgegebenen Inhaberobligationen werden dann weiter noch Schaden bringen, auch die Nehmer derselben, die Gläubiger die Kapitalisten werden in den Strudel der Verschleuderung hineingerissen werden, daher „die Vorsicht eines guten Familienvaters und besonders der öffentlichen Institutionen die Anlegung in guten Hypotheken nothwendig macht." Offen gesagt, diese zweite Besorgnis ist kaum zu verstehen. Was zunächst die öffentlichen Institute anlangt, sollten ihre Vorstände wirklich dem „Reize und der Gelegenheit zu leichtsinniger Verausgabung" nicht widerstehen können? sind unsere Beamten jetzt so beschaffen, daß sie betrügen und unterschlagen, sobald ihnen eine Möglichkeit dazu geboten wird? denn, daß bei vernünftigen Verwaltungsregeln und bei gewissenhafter Einhaltung derselben seitens der mit der Verwaltung Betrauten, öffentliche Kapitalien in Inhaberobligationen ganz ebenso sicher angelegt werden könnten, wie in Hypotheken auf Namen, das steht über allem Zweifel. Aber die Privatgläubiger, die Familienväter namentlich, die stehen jetzt und sollen weiter gehalten werden unter der schützenden Vormundschaft der Hypothekenanlagen. Es darf nicht wiederholt werden was zu hundert Malen gegen solche dem Geiste des preußischen Landrechts entsprechende Ueberwachung des Privatgebiets der Einzelnen durch die Staatsgewalt überhaupt mit Recht und Erfolg ausgeführt ist, ganz abgesehen von der Zulässigkeit oder Empfehlenswürdigkeit solcher Maßregeln, gewährt thatsächlich das Fortbestehen des Hypothekeninstituts in der alten Gestalt den Familien der Gläubiger irgend eine Sicherheit gegen Vergeudung? Wer sein Geld leicht realisirbar anlegen will, dem fehlt schon jetzt niemals die Gelegenheit dazu, wir haben schon so viele Milliarden von Inhaberpapieren auf dem Markte, daß die beabsichtigte Mehrung derselben die Leichtigkeit der Anlage und damit die Gefahr der Versuchung kaum merklich steigern würde. Oder denkt man an unbeabsichtigte Geldanlagen, ererbte Hypotheken, die doch nicht so leicht zu verschleudern seien, wie etwa ererbte Staatspapiere? Hat der Besitzer den nöthigen Leichtsinn, so weiß er auch jetzt schon die Hypotheken los zu werden, aber mit dem Unterschied, daß jetzt der Verlust dabei größer ist. Im Gegentheil: bei der erklärten und zugleich sehr wohl erklärlichen Hinneigung unserer Kapitalisten zu den Effekten au porteur, liegt es im Interesse gerade der Gläubigerfamilien, daß möglichst viele völlig sichere Papiere der Art zu Markte kommen, um die Anlagen in den minder sicheren, Mexikanern Türken Oesterreichern Spaniern oder wie sie sonst heißen mögen, mehr und mehr zu beschränken. Endlich darf man ja nicht alle wirklich ausgeführten Hypothekenbeleihungen für durchgängig sicher halten; es wird nicht zuviel behauptet sein, daß an den Berliner Hypotheken seit dem Jahre 1840 eine größere Kapitalquote verloren gegangen ist als durchschnittlich an den solideren Stücken des Berliner Börsengeschäfts während derselben Zeit.

So bliebe also nur die Gefahr für die Grundbesitzer; die Gefahr, daß diese zu leicht und zuviel geliehen erhalten könnten. Leicht und viel geliehen erhalten können, das nennen wir mit einem anderen Worte „Kredit haben"; die vermeintliche Gefahr bestände also einfach darin, daß die Ausgabe der Inhaberpapiere, und was damit in Verbindung steht, eine übermäßige Steigerung des Grundkredits zur Folge haben sollte. Eine Mehrung des Bodenkredits wollen, aber nicht wollen, daß den Herren des Bodens mehr und leichter kreditirt werde, das heißt, dasselbe Ding wollen und nicht wollen, je nachdem man ihm den einen oder den anderen Namen giebt. Es könnte sich also nur um das Zuviel handeln; die vorgeschlagenen Maßnahmen würden nicht blos helfen, sondern zu gut, zu weit helfen. Das wäre das größte Compliment, das diesen Vorschlägen gemacht werden könnte. Aber während unsere eigenen Erwartungen viel bescheidener sind, möchten wir doch noch hervorheben, wie das überall nicht zu erreichen ist, daß Jemand, Gutsherr Häuserbesitzer oder sonst wer, zu allem Nöthigen das ausreichende Geld in Händen habe, zum Unnöthigen aber Nichts habe. Mit dem Ueberflüssigen nehmen wir ihm stets zugleich das Nothwendige.

Altväterische Aengstlichkeit ist unter Verhältnissen, wie sie sich im 19. Jahrhundert festgesetzt haben, das Gegentheil von dem was sie sein möchte: unklug, weil sie ausgeht auf das was nicht zu erreichen ist; verschwenderisch, weil sie die Zeit mit fruchtlosem Mühen vergeudet; gefahrbringend, weil sie den Boden auf dem sie sich bewegt ignorirt. Auch davor dürfen wir uns nicht fürchten,

> das Grundeigenthum in eine Menge einzelner Werthe verwandelt und dadurch mobilisirt

zu sehen. Aber wir versuchen der Tragweite des zu erwartenden Erfolges im voraus uns klar zu werden. Daß das Grundeigenthum mobilisirt werde, ist nur in gewisser Beziehung wahr. Es ist nicht wahr, daß die Hebung des Kredits, auch wenn sie durch das Mittel der Inhaberbriefe bewirkt wird, gerade einen entsprechend rascheren Umsatz des Grundeigenthums selber nach sich ziehen müsse. Eine kleine Beschleunigung dieses Verkehrs mag eintreten; es kommen mehr Leute, auch die weniger eigenes Kapital haben, in die Lage zu kaufen, also werden die Preise des Grundbesitzes steigen und dadurch wird mancher Besitzer zum Verkaufe geneigter werden; andererseits kann die zu erwartende Preissteigerung auch die Kauflust beschränken, und man darf nicht übersehen, daß bei besseren Kreditverhältnissen die Zahl der nothwendigen Verkäufe fallen muß, was um so wichtiger ist, als gerade Subhastationen am meisten Anlaß zu Spekulationskäufen, auf Gutsschlächterei Wälderverwüstung und ähnliches, zu geben pflegen. Große Beschleunigung dagegen würde der Verkehr mit den auf das Grundeigenthum ausgeliehenen Kapitalien erleiden; nimmt man hinzu, daß auch die Masse derselben wachsen würde, so ist diese Veränderung allerdings als eine bedeutende anzuerkennen. Jetzt stehen auf denselben Liegenschaften vielleicht anderthalb Milliarden, mit Ausnahme von einem Zehntel, oder wenig mehr, den Pfandbriefen nämlich, lauter schwerbewegliche und in einen relativ kleinen Umkreis gebannte Stücke; nach zeitgemäßer Reform könnten auf denselben Grundstücken zwei bis drei Milliarden lasten, transportabel und umsatzfähig wie irgend welche zinstragende Effekten. Ein so starker Zuwachs zum mobilen Kapital, vorausgesetzt auch daß eine größere Quote davon über die Landesgrenzen hinausgeworfen würde, könnte nicht ohne Wirkung auf den inländischen Verkehr bleiben.

Die Fülle flüssiger Mittel treibt überall, wo Kraft und Rührigkeit im Volke vorhanden sind, zu neuen Unternehmungen. Die gesteigerte Beweglichkeit des im Grundbesitz steckenden Kapitals würde also auch der Industrie und dem Handel zu Gute kommen, und für die Nachtheile Ersatz bieten, die ihnen aus der größeren Concurrenz auf dem Kapitalmarkt im ersten Augenblick erwachsen könnten. Das Kapital, das dem Grundbesitz in größerer Menge zuflösse, würde in diesem nicht verschwinden, oder auch nur einer Circulationsstockung verfallen. Je mehr der Landmann Betriebsmittel in Händen hat, desto mehr Kraft kann er in Bewegung setzen, desto mehr Frucht aus dem Lande ziehen. Es würde also neben der größeren Beweglichkeit eine Mehrung der Kapitalmassen in Aussicht zu stellen sein. Aber auch schon die Mobilisirung für sich entspricht den allgemeinen Interessen durchaus: kann das Kapital überallhin sich frei und leicht bewegen, so werden Fluß und Rückstau sich naturgemäß ordnen, und es wird stets denjenigen Klassen der Bevölkerung am meisten zuströmen, die dessen am dringendsten bedürfen.

Um nichts besser als die in den Motiven zum Entwurf vorgebrachten Einwände ist die Behauptung, die Hypothek sei eine Geldanlage, bei welcher der Paricours garantirt werde, sie werde von solchen gesucht, welche nicht spekuliren, sondern gesichert sein wollen, ihr ausgeliehenes Kapital ungekürzt zurückzuerhalten. — Was soll hier unter „garantirtem Paricours" verstanden werden: die Möglichkeit, in jedem Augenblick oder doch nach kurzer Frist das ausgeliehene Kapital wieder ganz in die Hand zu bekommen? Diese Möglichkeit, die nur aus einem allezeit präsenten Kündigungsrecht hervorgehen könnte, vermag der Grundbesitzer bei vernünftiger Wahrung seiner Interessen überall nicht zu bieten; werden Hypotheken jetziger Art auf kurze Fristen ausgethan, so ist das ein Misbrauch, der beseitigt werden muß. — Wird aber unter dem garantirten Paricours nur das verstanden, daß der Ausleiher, der nicht spekuliren will, sicher ist, dereinst sein ganzes Kapital unverkürzt, ja vielleicht sogar noch mit einem Zuschlag zurückzubekommen, so gewährt die Inhaberobligation diese Möglichkeit ganz ebenso wie die Namenshypothek, der Inhaber braucht nur die Obligation nicht vor der Tilgung zu veräußern. Nur dadurch, daß beide Bedeutungen von Paricours mit einander vermischt werden, kann dieser Einwurf einen Schein von Wichtigkeit erlangen.

Von all den sonst wider die Inhabergrundschulden vorgebrachten Bedenken scheint nur eins völlig begründet: die Einrichtung sei unter thatsächlich obwaltenden Verhältnissen ohne Weiteres nicht einzuführen. Die Richtigkeit hiervon ist bereits anerkannt und es kommt uns eben darauf an, dieses Weitere zu ermitteln, und zur Einführung zu empfehlen was von der Inhaberpapierinstitution vorausgesetzt wird.

Eine andere Bemerkung ist gleichfalls richtig an sich, doch von geringerer Tragweite. Es ist gesagt und oft gesagt worden, daß, wenn alle Hypothekenschulden an Inhaberpapiere geknüpft und auf den Börsenmarkt geworfen würden, damit wenig gewonnen wäre, da die gesteigerte Nachfrage den Preis des Kapitals an den betreffenden Plätzen in die Höhe treiben würde; Staatspapiere und industrielle Unternehmungen hätten darunter gewis zu leiden, aber die Grundbesitzer würden kaum billiger zu Geld kommen, ja es sei sehr fraglich, ob sie überhaupt auf Abnahme für ihre Waaren, für die ganze Menge so viel sie auf den Markt bringen möchten, hoffen dürften. Auf diese mögliche Preissteigerung des Kapitals, richtiger Preissenkung der Obligationen, ist schon hingewiesen; aber im Interesse der andern Kapitalsucher soll die Reform des Hypothekenwesens doch sicher nicht unterbleiben, die anderen haben keinen Anspruch auf ein Privileg, den Grundbesitzern die freie Bewegung die beliebige Gestaltung und Behandlung der auf den Markt zu bringenden Waaren zu untersagen, damit sie, Staaten und Industrielle unter der entstehenden Concurrenz nicht zu leiden hätten. Denn was wir fordern, ist in der That nichts anderes, als das Recht der freien ungehinderten Bewegung für alle kapitalsuchenden Grundbesitzer, ein Recht dem, bei den jetzt zur Herrschaft gelangten nationalökonomischen Grundsätzen, die Anerkennung unmöglich versagt werden kann.

Doch ob die Reform den Grundeigenthümern selber helfen werde, ist freilich eine Frage anderer Art. Daß die Hülfe bestimmte Grenzen nicht werde überschreiten können, ist oben gleich an die Spitze gestellt. Innerhalb dieser Grenzen aber ist das Mögliche nur durch völliges Eingehen auf die Wünsche der Kapitalisten zu erreichen, und keinesfalls kann es den Grundbesitzern nutzen, in der Beweglichkeit, deren sie zu diesem Zweck bedürfen, irgendwie beschränkt zu werden. Und ferner, bevor nicht eine andere den Kapitalisten im Allgemeinen noch annehmlichere Obligationsform gefunden ist als das Inhaberpapier, erscheint es zweifellos irrationell, diesen die Obligationen in anderer, weniger annehmlicher Form zu offeriren und gleichwol zu erwarten, daß sie dafür höheren Preis als für die annehmlichst geformten zahlen würden. Also, mag es sein, daß auch mittles der Inhabergrundschulden die Wünsche der Grundbesitzer nicht in vollem Maße zu befriedigen sind, so liegt doch darin kein Motiv dies Mittel aufzugeben, da jedes andere Mittel zur Zeit noch geringeren Erfolg verheißt.

Uebrigens ist gerade diese Erwägung angethan, von den ganz allgemeinen zu den nach Zeit und Raum beschränkten Betrachtungen überzuleiten. Zahlen imponiren bekanntlich. Wenn ein bekannter Statistiker aufstellt, daß schon jetzt 25 Milliarden Staatsschuldscheine unter dem Nennwerth circuliren, und folgert, daß, wenn 50 Milliarden Pfandbriefe hinzufabricirt würden, deren Unterbringung zu einem für den Schuldner erträglichen Course eine mathematische Unmöglichkeit sein würde, so wird dies immer einigen Eindruck auf diejenigen machen, die es zum ersten Male hören. Er mischt dabei aber ein kosmopolitisches Element ein, dessen Mitinbetrachtnahme so wenig gefordert wie förderlich ist. Wir sind einstweilen durchaus berechtigt, uns lediglich um das zu kümmern, was bei uns zu Hause, d. h. auf dem Gebiet des norddeutschen Bundes, von nöthen ist. Und da handelt es sich nicht um 50, sondern nur um 4, höchstens um 5 Milliarden auszugebender Grundschuldscheine. Wollen ausländische Grundbesitzer mit ähnlichen Offerten an das Kapital herantreten, wir können sie daran nicht hindern, ja wir werden einräumen müssen, daß unser ganzes Thun und Lassen auf jene wenig Einfluß üben wird. Wollen wir uns aber doch mit den Auswärtigen vergleichen, so zeigt sich, daß nach der ganzen Lage der Kredit- und Rechtsverhältnisse wir im Stande sind, mit einer solchen Reform vor allen andern einen beträchtlichen Vorsprung zu gewinnen und dann das „melior est condicio occupantis" für uns geltend zu machen. Bevor die Grundschulden in den außerdeutschen Ländern Europas und in Amerika, denn die zwei Continente würden doch wol erforderlich sein um die gedachten 50 Milliarden voll zu machen, sämmtlich als Pfandbriefe auf den Kapitalmarkt gebracht werden können, muß eine so lange Reihe von Jahren verstrichen sein, daß jetzt schon mathematisch zu berechnen unmöglich wäre, ob das alsdann vorhandene Kapital nicht im Stande sein sollte, die erforderlichen 75, ja vielleicht 100 Milliarden von Inhaberobligationen ebenso gut zu tragen, wie das jetzige die gegenwärtigen 25 Milliarden. Dies ist um so wahrscheinlicher, als die stärkere Beleihung des Grundbesitzes in der That keine Mehrung der schon existirenden Kapitalmasse fordert, blos eine andere Vertheilung und eine Umformung der einzelnen Kapitalstücke.

Und damit genug hiervon. Für uns aber dürfen wir die Frage, ob eine im Allgemeinen zweckmäßige Reform des Hypothekenwesens jetzt schon und ohne Aufschub in Angriff genommen werden solle, nicht durch die im Vorwort angedeuteten politischen Erwägungen allein gerechtfertigt halten. Wie das neue Werk durch nichts rascher vorwärts gebracht werden könnte, als durch richtige wirthschaftliche Maßregeln, ebenso gewis würde ihm nichts mehr schaden als Misgriffe hierin. Taugt die Reform überhaupt oder doch zur Zeit nichts, so wird sie, mit Gewalt durchgesetzt, als Keil in die ohnehin lockere Verbindung eindringen.

Die Beantwortung der wirthschaftlichen Frage ist darum besonders schwierig, weil das statistische Material, das allein zuverlässige Schlüsse gestatten würde, theils noch nicht gesammelt, theils überhaupt nicht gut zu sammeln und zur öffentlichen Kenntnis zu bringen ist. Man kommt also über Annahmen und Gutdünken nicht weit hinaus, und vermag keinen Widerspruch definitiv zu überwinden. Die meisten Stimmen haben seit Längerem Aenderungen gefordert, sie haben die bestehenden Zustände als unerträglich geschildert und weitere Verschlimmerungen prognosticirt; diese Majorität ist in neuester Zeit gewachsen, ihre Klagen sind immer schwerer geworden. Es mag uns fraglich dünken, ob die Kommission der juristischen Gesellschaft ihre dem Entwurf von 64 gegenübergestellte Behauptung:

> Geld zu ganz sichern Hypotheken ist immer und selbst zu mäßigem Zinsfuße bereit. Für andere Hypotheken wäre ebenfalls Geld genug vorhanden, wenn nur die Grundbesitzer bessere Bedingungen als jetzt bewilligten und nach dem Gesetze bewilligen dürften,

auch jetzt noch aufrecht erhalten möchte. Freilich ist die Grenze der „ganz sichern Hypotheken" wie die des „mäßigen Zinsfußes" sehr verschieden zu stecken; und abgesehen hiervon, bliebe die Kommission bei ihrer Ansicht, so wäre, wie gesagt, ein genügender Gegenbeweis kaum zu führen. Ebenso wenig aber wäre man auch ihr zu glauben gezwungen.

Man hat den Grundwerth von Altpreußen wol auf 5—6000 Millionen angegeben. Unter Zuhülfenahme der Ermittelungen bei den neuen Grund- und Gebäudesteuer-Regulirungs-Arbeiten läßt sich derselbe jetzt genauer bestimmen als zuvor. Die Berechnungen stimmen ohngefähr mit der obigen Angabe überein. Setzt man den Werth aller Liegenschaften einschließlich der Baulichkeiten im ganzen Bundesgebiet auf 8 Milliarden, so ist dies gewis nicht zu hoch gegriffen.

Wie große Belastung ein solcher Grundwerth mit völliger Sicherheit zu tragen vermöchte, ist weit schwieriger festzustellen. Sucht man die Kapitalsumme, so müßte der eventuelle Verkaufswerth gefunden werden; für die Höhe der zu gewährenden Rente aber wäre der Nettoertrag maßgebend. Daß eine Kapitalbelastung von 4 bis 5 Milliarden nicht außer Verhältnis wäre, ist evident, dagegen erscheint eine Rente von 200 Millionen oder gar noch mehr, nach den bisher bekannt gewordenen Aufstellungen fast schon als Ueberlastung.

Für jetzt ist die nähere Präcisirung dieser Zahlen werthlos, da wir außer Stande sind, die Höhe der gegenwärtigen Belastung des Grundbesitzes auch für Altpreußen selber nur annähernd genau mitzutheilen. Aus dem Jahrbuch für amtliche Statistik I. ist zunächst das zu ersehen, daß die Hypothekenschulden über die ganze Grundfläche sehr ungleichmäßig vertheilt sind: Kreise wo die Schuldenlast a. 1837 (Lauenburg) 114 Procent, a. 47 (Wirsitz) 108 Procent, a. 57 (Lauenburg) 89 Procent des ersichtlichen Werths, andere wo sie a. 37 (Konitz) 57 Procent, a. 47 (Neidenburg) 70 Procent, a. 57 (Sternberg) 53 Procent betragen. Für die Provinz Sachsen insbesondere ergeben sich nach einer Aufnahme aus dem Jahre 58 die Differenzen betreffs der Belastung blos der Rittergüter:

Kr. Gardelegen:	Werth = 1,463,600,	Schuldbetrag = 507,233,
„ Kalbe:	„ = 1,091,900,	„ = 340,300,
„ Wolmirstedt:	„ = 1,486,000,	„ = 500,590,
„ Halberstadt:	„ = 2,485,000,	„ = 1,133,000,
„ Torgau:	„ = 2,551,473,	„ = 959,300,
„ Schweinitz:	„ = 1,189,950,	„ = 502,200,

sämmtlich über $33\frac{1}{3}$ Procent, Halberstadt über 45 Procent; und dagegen:

Kr. Salzwedel:	Werth = 1,637,000,	Schuldbetrag = 115,000,
„ Aschersleben:	„ = 1,848,000,	„ = 133,000,
„ Gebirgskreis:	„ = 3,705,000,	„ = 334,000,
„ Schleusingen:	„ = 34,000,	„ = 2,600,

sämmtlich unter 10 Procent, Salzwedel etwa nur 7 Procent. In der Stadt Berlin betrug

	arbitr. Gesammtwerth der Grundstücke	Hypothekenlast
1843:	128,200,000	67,899,682
1850:	151,900,000	101,775,657
1855:	169,850,000	110,487,724
1860:	211,700,000	139,092,071
1865:	300,000,000 ca.	250,000,000 ca.

Ein vollständiges Tableau der gegenwärtigen Schuldbelastung wäre die erste unentbehrliche und ohne sonderliche Mühe herzustellende Vorarbeit jeder praktischen Hypothekenreform von Bedeutung. Aber freilich würde ein solches Tableau doch nur die eine Seite der Sache zeigen, wie ein Effektenzettel der blos Pariwerthe notirt. Man ersähe daraus, welche Summen die Grundbesitzer einstmals zurückzuzahlen haben werden, auch wol die Höhe der von ihnen zu entrichtenden Rente, aber weder welche Beträge sie selber empfangen hätten, noch wie hoch die Kapitalisten im gegenwärtigen Augenblick diese Obligationen durchschnittlich schätzen.

Die faktische Höhe der Beleihung und des Zinsfußes sind für die Beurtheilung des behaupteten Nothstandes gerade die wichtigsten Momente. Eine officielle Feststellung derselben scheint eben so unmöglich, wie eine inofficielle die Vollständigkeit für sich beanspruchte; es handelt sich um Thatsachen, in deren Natur es liegt, auch nach der Aufhebung der Wuchergesetze das Licht zu meiden. Beide Theile glauben ein Interesse daran zu haben, nicht bekannt werden zu lassen was sie nehmen und was sie geben.

Dennoch wird man, nach dem was von verschiedenen Seiten berichtet wird, und vornehmlich nach den Offerten der Darlehnsnehmer und Darlehnsgeber in Zeitungen, im Stande sein ein annähernd richtiges Bild der Sachlage zu entwerfen. In der Provinz Preußen soll der Normalzinsfuß für Hypotheken längst 6 Procent erreicht haben, ähnlich in der Provinz Posen, wo er wenigstens erheblich höher ist als die Durchschnittsrente guter Staatspapiere. Berlin ist ein Centralpunkt für den Hypothekenhandel: nach den Berliner Zeitungen sind seit mehr als einem Jahre Hypotheken von übrigens bester Beschaffenheit, die bei 4 Procent al pari ausgeboten werden, sehr selten; daß 4 procentige gesucht würden, ist jetzt fast unerhört. Meist kommen $4^1/_2$ und 5 procentige in den Handel; die $4^1/_2$ procentigen werden, auch wenn sie zu erster Stelle stehen, sehr häufig cum damno ausgeboten, desgleichen die 5 procentigen, die nicht zugleich erste Hypotheken sind. Man kann annehmen, daß für Berlin und ähnlich günstig gelegene Plätze Kapitalien auf die erste Stelle bei mäßigem Umfange zu $4^1/_2$ — 5 Procent Zinsen zu haben sind, daß für die späteren Stellen der Zinssatz rasch wächst und sehr oft eine Höhe von 7 und 8 Procent, auch wol noch mehr erreicht. Dawider haben die Wuchergesetzte zu schützen nicht vermocht.

Vergleichen wir dies mit der Rentenhöhe von den besten Staatspapieren und Eisenbahnprioritäten und von Pfandbriefen:

Dezember 66:

3½ proc. preußische Staatsschuldscheine ca. 85,
4 proc. pr. Anleihe . . . . ca. 89,
4½ proc. desgl. . . . . ca. 98.

Dagegen Prioritäten:

3½ proc. Berg.-Märk. = 77, — Rhein. = 79,
4 proc. Düsseld.-Elberf. = 83, — Anhalt., Thür. = 91,
4½ proc. Berg.-Märk., Rhein. = 93, — Köln.-Mind., Thür. = 97;

und Pfandbriefe:

3½ proc. Westpr. = 77, — Kur- und Neumärk. = 78⅞, — Schlesische = 86½,
4 proc. Westpr. = 85⅜, — Pomm. = 89⅜, — Schlesische L. A. = 94,
4½ proc. Westpr. = 92¾.

Also durchschnittlich, die guten Prioritäten um eine Kleinigkeit schlechter als preußische Staatspapiere (nur 4 proc. Anhaltische besser), und um eine Kleinigkeit besser als die meisten Pfandbriefe, unter denen nur die Schlesischen aus besonderen Gründen stark bevorzugt erscheinen. Der Januar 67 giebt ein wenig verändertes Bild:

Preußische Staatspapiere:

3½ proc. = 84⅞, 4 proc. = 89½, 4½ = 98¾;

Eisenbahn-Prioritäten:

3½ proc. = 77½ — 78½, 4 proc. = 84½ — 91, 4½ proc. = 93 — 97½;

Pfandbriefe:

3½ proc. = 76½ — 79, 4 proc. = 84½ — 89, 4½ proc. = 93½,

nur die Schlesischen, die vorstehend außer Ansatz geblieben, noch etwas höher als im Dezember.

Das Resultat läßt sich summarisch etwa so zusammenfassen: an der Börse sind bedeutende Kapitalmassen zu etwa demselben Zinsfuße zu haben, zu dem jetzt nur noch erste Hypotheken von beschränktem Umfange und nur in den geldreichen Provinzen beliehen werden. Als mögliches Ziel der Reform dürfte dagegen das etwa sich aufstellen lassen, daß auch in geldarmen Ländern, und soweit überhaupt die belasteten Grundstücke Sicherheit gewähren, für das Kapital keine höhere Rente gezahlt zu werden brauchte, als ohne die Reform bei ersten Hypotheken an günstig situirten Plätzen zu zahlen wäre.

Wahrscheinlich aber würde dasselbe für die Reform noch etwas günstiger sein. Diese sichert allen Grundschulden in Pausch und Bogen gleiche Course mit den besten Staatspapieren und Prioritäten. Wenn aber die ersten Hypotheken mit diesen im gegenwärtigen Augenblicke noch etwa gleich bezahlt werden, so beweist dies nicht, daß die Hypotheken den Kapitalisten im Augenblicke noch ebenso angenehm sind wie die Papiere, noch weniger, daß sie es bleiben werden. Der Cours der ersten Hypotheken ist jetzt ein nicht einfach natürlicher, sondern durch Zufälligkeiten in die Höhe geschrobener. Einmal dadurch, daß noch manche Hypotheken relativ kurze Kündigungsfristen haben, die mit der Zeit überall verschwinden müssen. Sodann weil, theils durch Gesetz theils durch Statut, nicht unbeträchtliche Kapitalmassen in diese Anlage hineingezwängt werden, was ähnlich bei den preußischen Staatsanleihen sich wiederholt, und diesen den kleinen Vorzug vor den Prioritätsobligationen verschafft. Aber alle diese irrationellen Begünstigungen einzelner Concurrenten auf dem Kapitalmarkte sind nicht aufrecht zu erhalten. Diese Vortheile abgerechnet, zeigt sich also auch jetzt schon die Geringschätzung der ersten Hypotheken, und es kann nicht ausbleiben, daß dieselben allmählich immer tiefer unter den currenten Werth der guten Inhaberpapiere hinabsinken.

Es ist aber auch nicht anzunehmen, daß der Zinsfuß allgemein bald fallen werde; im Gegentheil, entsprechend dem künftigen Aufschwunge unserer materiellen Verhältnisse mehrt sich die Zahl der unternehmungslustigen Kapitalsucher von Jahr zu Jahr rascher noch, als die gleichfalls schnell anwachsende Masse des Kapitals. Nur ein Beispiel: das concessionirte Anlagekapital aller altpreußischen Eisenbahnen ist in folgender Progression gestiegen:

a. 1844 = Millionen 34, a. 1848 = Millionen 79,
a. 1852 = Mill. 149, a. 1856 = Mill. 235,
a. 1860 = Mill. 352, a. 1864 = Mill. 446.

Es läßt sich hiernach annehmen, daß in gar nicht allzuferner Zukunft die Eisenbahnen auf demselben Gebiete einen Werth von einer, und etwas später, aber vermuthlich auch noch in diesem Jahrhundert, einen Werth von zwei Milliarden erreichen werden. Alle Bahnen des gegenwärtig preußischen Territoriums haben pro 1866 eine Einnahme von ca. 76 Millionen ergeben; 50 Procent Betriebskosten ab, bleibt noch immer eine Rente von 38 Millionen. Es ist keineswegs undenkbar, daß die Rente aus den Eisenbahnen einmal die ganze Nettoeinnahme des ländlichen Grundbesitzes übersteigen könnte.

Unter den Einheimischen sind die Eisenbahnunternehmer nur die vornehmsten, nicht die einzigen, die unseren Kapitalmarkt belagern. Aber auch Ausländische kommen schon jetzt sehr viele, und nicht ohne Erfolg, wie z. B. 400 Millionen Amerikaner beweisen. Es kann nicht ausbleiben, daß auch diese Nachfrage immer mehr zunimmt, da auswärts der Durchschnittszinsfuß meist höher ist als bei uns.

Nach jeder vernünftigen Berechnung muß also der Zustand der Hypothekenschuldner, wenn er wirklich auch jetzt noch ein eben erträglicher sein sollte, völlig unleidlich werden, wenn nicht wirksam geholfen wird. Diese Hülfe zu bringen sind schon jetzt verschiedenartige Institute, insbesondere die landschaftlichen Kreditvereine und allerlei Banken redlich bemüht. Die Pfandbriefinstitute sind eine vortreffliche Einrichtung, die von Alters her auch in kritischen Zeiten sich bewährt hat. Weit entfernt ihnen entgegenzutreten, wünschten wir nur, sie so umgestalten zu können, daß sie mehr helfen als jetzt. 1860 liefen im Ganzen beinahe 140 Millionen Pfandbriefe um, in diesem Augenblicke wol ungefähr 180 Millionen, womit denn noch lange nicht der zehnte Theil der völlig legitimen Hypothekenschulden gedeckt ist. Es wäre überraschend, wenn ein so altes Institut ohne äußeren Anstoß zu neuem, frischerem Wachsthume käme; außerdem verbieten die bisher beliebten Organisationsformen eine viel größere Ausdehnung geradezu.

Ueber die Banken, als weit neueres Ursprungs, ist aus den bei uns gesammelten Erfahrungen kaum zu urtheilen. Aber trotz der Aufforderung zu rascher Entwickelung, die in den gegenwärtigen Umständen liegt, scheint auch ihre Wirksamkeit eine beschränkte bleiben zu sollen; ihre Geschäfte haben die erwartete Ausdehnung bisher nicht erlangt, und stehen noch immer hinter denen der Kreditvereine zurück. Das könnte sich ändern mit der Zeit, fragt sich, ob es zu wünschen wäre. Die Banken brauchen Geld und treten also selber als Concurrenten des Grundbesitzes auf dem Kapitalmarkte auf, zudem wollen sie Dividenden haben, die der Grundbesitz als Supererogation aufzubringen hätte. Damit ist nun zwar über ihren Werth noch keineswegs entschieden, die Vortheile, die sie andererseits brächten, könnten diese Nachtheile wohl überwiegen; aber das ist ganz gewis, daß, wenn dieselben Vortheile allein und ohne dieselben Nachtheile zu haben wären, dies vorzuziehen sein würde. Und die Vortheile müssen bei richtiger Verwirklichung des Gegenseitigkeitsprincips auch allein zu haben sein, da alle Voraussetzungen der socialen Selbsthülfe bei dem kreditsuchenden Grundbesitz zutreffen. — Ein kleiner Excurs mag verziehen werden. Nach der neuesten Nummer der Zeitschrift des statistischen Büreaus zu Berlin beträgt das Aktienkapital von 23 dort namentlich aufgeführten gewerblichen Feuerversicherungsanstalten in runder Summe 90 Mill. Thaler, wogegen der Gesammtbetrag der im Jahre 1864 bestandenen Versicherungen 11,477 Millionen überstieg, und die Prämieneinnahme 23 Millionen. Das gezeichnete zum größten Theile nicht einmal baar eingezahlte Aktienkapital gewährt den Versicherten eine Durchschnittsgarantie von noch nicht 1 Procent, es ist also für die Sicherheit derselben gleichgültig und nur als Betriebskapital von Bedeutung. Bestritten werden die Entschädigungszahlungen ausschließlich aus der Rente von 23 Millionen (Prämien), die die Versicherten aufbringen. In der That also tragen und decken die Versicherten auch hier wie bei den Gegenseitigkeitsanstalten die Brandschäden unter sich, und zahlen dabei für das ihnen von den Gesellschaften zur Disposition gestellte Betriebskapital soviel an Zins, wie diese an Dividenden vertheilen. Da aber als Betriebskapital nur das in Rechnung gebracht werden darf, was von den Aktionären baar eingeschossen ist, so möchte der Zins zum mindesten 40—50 Procent betragen. Damit soll aber nichts gegen diese Versicherungsgesellschaften gesagt sein, deren Bestehen den Gegenseitigkeitsanstalten gegenüber in besonderen, hier nicht näher zu erörternden Verhältnissen seine Rechtfertigung findet; für den Grundbesitz aber, für den diese besonderen Verhältnisse nicht gegeben sind, wird doch die Frage in ernstlichste Erwägung zu nehmen sein, ob das zur Befriedigung seiner Bedürfnisse erforderliche Betriebskapital nicht billiger zu beschaffen sein sollte.

Kurzum, der gegenwärtige Nothstand, die Aussicht auf Verschlimmerung in naher Zukunft und das Unzureichende der bis jetzt dawider in Thätigkeit gesetzten Hülfsmitttel, mag einstweilen, wenn nicht als bewiesen, doch als bescheinigt gelten. Bei den hier gemachten Vorschlägen ist die Tendenz der Universalität unverkennbar; nur den größten Kapitalsuchern kann es gelingen ihre Obligationen auf allen großen Kapitalsmarktplätzen in Umlauf zu setzen. Keine einzelne amerikanische Bank und kein einzelner Staat hat eine erhebliche Quantität seiner Effekten auf den europäischen Continentalmarkt herüberzuwerfen vermocht; den Vereinigten Staaten ist dies sofort gelungen. Ebenso werden die Pfandbriefe der preußischen Provinzialverbände oder deutschen Kleinstaaten stets auf einen eng umgrenzten Markt sich beschränkt sehen.

Möglich wäre die Ausführung unserer Gedanken auch für Preußen, ja für Altpreußen allein; es ist aber leicht zu sehen, daß die Ausdehnung auf die übrigen Bundesstaaten dem Interesse beider Theile gemäß ist. Zumal für die Nichtpreußen liegen die Vortheile des Anschlusses zu Tage, obschon particularistische Antipathien ihn zu verleugnen sobald nicht ermüden dürften. In Mecklenburg z. B. wird man zweifelsohne den anscheinend ebenso billigen wie bescheidenen Wunsch aussprechen, mit diesen Besserungen verschont zu bleiben: man habe Hypothekenzustände im Lande, vielleicht nicht gerade die allerbesten, aber für Mecklenburg gerade gut genug, wenigstens sei man dort zufrieden damit, und wünsche dringend Herr über den eigenen Grund und Boden zu bleiben, und nicht aus einem gesicherten Zustande heraus zu Experimenten gezwungen zu werden, wie sie Andern, die mit ihren Zuständen minder zufrieden zu sein vielleicht Ursache hätten, gerade gefallen möchten. — Dabei bleibt unerwogen, daß die gegenwärtigen relativ guten Zustände aus den Vorzügen der Mecklenburgischen Hypothekeneinrichtungen vor denen der Nachbarländer resultiren, die Reform aber gerade das umgekehrte Verhältnis herstellen soll. Denn was das Mecklenburgische Hypothekenrecht Gutes hat, soll sämmtlich in das deutsche Recht übertragen werden, es soll dort aber noch wesentlich verbessert und mit Einrichtungen verbunden werden, die nur in den Dimensionen eines großen Staates zur Entwicklung kommen können. Wird die Concurrenz nach solcher Umgestaltung wieder aufgenommen, so muß der Erfolg vom jetzigen diametral verschieden sein. Die Hypotheken in Mecklenburg sind nicht blos mit Mecklenburger Geld beliehen; die ausländischen Kapitalisten aber werden zu überzeugen sein, daß die norddeutschen Grundschuldscheine den Mecklenburger Hypotheken an Sicherheit nicht nachstehen, in Beziehung auf alle Annehmlichkeiten des Verkehrs sie bei weitem übertreffen. Dann tritt die Alternative ein: entweder der Zinsfuß unserer Grundschuldscheine ist höher oder gleich hoch als der der Mecklenburger Hypotheken, und darum strömt das Kapital der auswärtigen Beleiher nach Naturnothwendigkeit aus Mecklenburg dem andern norddeutschen Grundbesitze zu; oder der Zins, den die Mecklenburger alsdann zu zahlen haben werden, ist der höhere, dann mag noch ausländisches Geld in Mecklenburg festgehalten werden können, aber der Mecklenburger Grundbesitzer hat dies Resultat mit größeren Opfern zu erkaufen, als die der Eintritt in den norddeutschen Grundschuldenverband ihm auferlegt haben würde. Wenn unsere Grundschuldenpapiere aber ganz das werden, was sie werden sollen, so müssen sie die Concurrenz mit Mecklenburger Hypotheken nicht blos auswärts, in Hamburg etwa, sondern auch in Mecklenburg aufnehmen können. Im Lande selber kann allerdings die rationelle Berechnung nie so allgemein durchschlagend wirken wie auswärts, ein anerzogener enger Horizont, Rücksichten auf Verwandte und Bekannte und auf allerlei Hergebrachtes werden stets für Viele entscheidend sein, ihr Geld nur in den nächsten Kreisen auszuthun; doch auch an denen wird es nirgends fehlen, die sich durch solche Motive nicht bestimmen lassen. Sei es die Aussicht auf höhere Procente, oder nur die Möglichkeit die angelegten Summen jeden Augenblick leicht wieder umzusetzen, spekulativere Kapitalisten werden selbst in Mecklenburg schließlich dahin zu bringen sein, unsere Grundpapiere zu kaufen, während umgekehrt, stets die geforderte Fehlerlosigkeit unserer Hypothekeneinrichtungen vorausgesetzt, kein Grund abzusehen ist, warum dann noch preußisches oder sonst ausländisches Geld den Mecklenburger Grundbesitzern zufließen sollte.

Kann sein, daß dies auch einzelnen Particularisten einleuchtet, die, wenn Alles einmal soweit gekommen sein mag, selbst den Anschluß empfehlen werden, doch nur als ein pis aller, das unter diesen Umständen nicht mehr zu vermeiden sei, eben darum aber auch diese Umstände beklagen, die sie als Folgen des nur zuweit schon vorgeschrittenen Einigungswerkes annehmen zu müssen glauben. Aber der Vortheil, den Nachbarn zuvorzukommen durch Institutionen, die mit den Zeitverhältnissen bestens harmoniren, pflegt überall nicht sich festhalten zu lassen. Es kann keinem Anderen verwehrt werden, sich eben so gut, und unter Benutzung der von dem Ersten gemachten Erfahrungen auch noch besser einzurichten. So giebt es in allen Verhältnissen für den Einzelnen kein Mittel dauernd sich besseren Kredit zu wahren, als seine Umgebungen genießen; denn das einzig denkbare, fortwährend mehr zu bieten, erschöpft jede menschliche Kraft. Das Verlieren der bevorzugten Stellung hat also mit dem Einigungswerk nichts zu schaffen, dagegen sind diesem zweierlei Erfolge eigenthümlich: einmal bedingt es eine gewisse Ausgleichung unter den Betheiligten, und giebt damit jedem Einzelnen Garantie nicht unter das gemeinschaftliche Niveau hinunterzusinken; zweitens hebt es den Gesammtkredit Aller über die Summe der sämmtlichen Einzelkredite. Getrennt kann von Zweien keiner 500 geborgt erhalten, vereint finden sie leicht 1000. Das ist ein Satz, den die Erfahrung in den verschiedensten Anwendungen bestätigt. Auf ihn stützt sich die Annahme eines Vortheils auch für die preußischen Landestheile bei weiterer Ausdehnung unserer Hypothekeneinrichtungen.

Aus diesen Gründen muß die Wiederherstellung eines einheitlichen Hypothekenwesens, abgesehen von allen politischen Nebenrücksichten, sich empfehlen. Aber die Herstellung ist doch auch nur bei den allerintimsten politischen Beziehungen möglich. Und wenn gar dies Einigungswerk für die Grundschulden vollbracht wäre, ganz Norddeutschland dasselbe Recht und denselben für alle Zinsen und alle Kapitalzahlungen gleichmäßig haftenden und damit allen Grundbesitzern gleich hohen Kredit gewährenden Grundschuldenverband besäße, so würde kein Wiederauseinanderreißen der verbündeten Länder denkbar sein, dem alsdann das heftigste Widerstreben der in ihren empfindlichsten Interessen bedrohten einflußreichsten Klassen der Einwohner entgegenwirken müßte. Noch mehr. Nicht blos das fertige Werk und die Aussicht auf die daraus hervorgehenden Erfolge würden der politischen Einigung förderlich werden, auch die zur Herstellung erforderlichen Ausführungsarbeiten. Diese sind nicht klein zu achten; eine so tiefgreifende Umformung des Hypothekenwesens auf weitem Gebiete ist nicht von Einem Mittelpunkte aus und von wenigen Personen mit Federstrichen abzumachen. Vieles muß an Ort und Stelle wahrgenommen und erwogen, Vieles erfragt und durchstritten werden, ohne weit verbreitete Agitation ist ein befriedigender Erfolg undenkbar. Die unausbleibliche Folge davon, daß Männer der verschiedensten Stände und aus den entferntesten Landestheilen mit einander in Berührung kommen, und einander verstehen lernen müßten. Das ist von größter Wichtigkeit: eine Menge lokaler Antipathien beruht lediglich darauf, daß die Einen von den Anderen nichts wissen, von ihnen ein durchweg falsches Bild sich machen, und vor den Schattenrissen dieses Bildes einen an sich vielleicht gar nicht unberechtigten Abscheu empfinden. Aller Groll wäre verschwunden, sobald man die Einen zwingen könnte, die Anderen zu sehen wie sie wirklich sind. Gemeinsame Berathung der Besitz- und Kreditverhältnisse im unmittelbaren Hinblick auf praktisch wichtige Resultate, mit dem Bewußtsein jede andauernde Teuschung endlich aus dem eigenen Geldbeutel bezahlen zu müssen, giebt die beste Gelegenheit zu nüchterner Klärung der Anschauungen. Und unmerklich zuerst befreundet auch die gemeinsame Arbeit, irgend ein gemeinsam gefertigtes Werk ruft unter den Fertigern eine Art Elternliebe hervor, und wie diese, verbindet sie dieselben auch unter einander. Es ist gesagt worden, um an Preußen die neuen Landestheile und die alten Bundesgenossen fest anzuschweißen, werde nichts wirksamer sein, als ein gemeinsamer nicht gerade unglücklich geführter Krieg. Der Ausspruch ist nicht ohne Wahrheit, aber man möchte deshalb doch den Krieg nicht beginnen oder auch nur wünschen wollen. Die vereinte Thätigkeit im Frieden wirkt langsamer vielleicht aber auch sicherer, die Einigung zu vollenden.

Der Grundschuldenverband.

Der Grundschuldenverband hat juristische Persönlichkeit. Substrat sind die sämmtlichen grund- und respective gebäudesteuerpflichtigen Grundstücke des Gebiets, wo das Institut zur Einführung gelangt. Der Geschäftskreis umfaßt neben der ganzen Verwaltung der Grundbücher Alles, was die Vermittelung des Verkehrs zwischen Kapitalisten und Grundbesitzern erheischt.

Substrat sind die sämmtlichen Grundstücke, nicht die Personen der Grundbesitzer. Dies hat den Zweck, den Verband außer Einfluß der persönlichen Verhältnisse der Grundbesitzer zu stellen; denn nur hierdurch ermöglicht sich die Aufnahme aller Grundstücke in den Verband, ohne doch den Bestand und den Kredit desselben zu gefährden. Was der Verband von seinen Mitgliedern zu fordern hat, fordert er von der Sache, es sind durchweg dingliche Rechte, die er eventuell mit einer ihrer Natur entsprechenden Execution verfolgt. Ebenso werden alle Ueberschüsse der Einnahmen den Grundstücken zu Gute gerechnet, ohne Rücksicht auf die Personen der Besitzer zu nehmen. Sobald es sich aber darum handelt, in Verbandsangelegenheiten Willenserklärungen abzugeben, gilt stets nur der gebuchte Eigenthümer als befugt, die Stimme des Grundstücks zu führen.

Organe des Vereins sind die Grundbuchämter, einstweilen in jedem Kreise oder den Kreisen entsprechenden Bezirke eins, regelmäßig am Orte des Kreisgerichts; außerdem in der Hauptstadt jeder Provinz oder Quasiprovinz ein Provinzialhauptamt, und in Berlin ein Centralamt. Ob neben den Kreisämtern auch noch Unterämter erforderlich sein werden, denen nur ein Theil der Geschäfte, was eben an Ort und Stelle zum besten abzumachen ist, zufiele, und die zu jenen etwa in dem Verhältnis der Gerichtscommissionen zu den preußischen Kreisgerichten ständen, muß dahingestellt bleiben; ebenso ob an den auswärtigen Börsenplätzen Agenturen einzurichten, oder wie sonst die Theilnahme ausländischer Kapitalisten anzuregen wäre. In jedem Kreisbuchamt müssen mindestens zwei höhere Beamte sein, ein juristisch gebildeter als Vorstand der buchführenden Abtheilung, und ein Leiter der administrativen und commerciellen Geschäfte.

Neben dem Beamtensystem stehen die Vertreter der Grundbesitzer, entsprechend organisirt. Jedes einzelne Buchamt hat zur Seite eine Anzahl von Vertrauensmännern, erwählt von und aus den Grundbesitzern, die als solche seit so langer Zeit gebucht sind. Diese Vertrauensmänner wählen aus ihrer Mitte, und zwar sind wählbar nur die schon seit x Jahren Vertrauensmänner gewesen, Delegirte welche den Beirath der Provinzialstellen bilden. Dieser Beirath tritt alljährlich mehrmals zusammen, vielleicht muß ein Ausschuß desselben in der Provinzialresidenz permanent bleiben. Aus den Provinzialräthen formirt sich dann analog wieder ein Centralrath, der in Berlin tagt; ein ständiger Ausschuß wird hier kaum zu entbehren sein. Die Stellen der Vertrauensmänner müßten Ehrenämter sein, und dürften wegen des großen Einflusses, der sich daran knüpfen soll, sehr gesucht werden; nur die Mitglieder der ständigen Ausschüsse, die zu dauernder Abwesenheit von ihrem ursprünglichen Wohnort gezwungen wären, würden ihre Dienste nicht ohne Honorar zu leisten haben.

Dem Staat darf bei einem so mächtigen Institut die Oberaufsicht und Controlle nicht vorenthalten werden. Gegen die rechtlichen Verfügungen der Buchämter ginge die Beschwerde an die Appellationsgerichte, in letzter Instanz an das Obertribunal. Betreffs aller andern Akte, denen die juristische Basis fehlte, müßte jedes direkte Eingreifen der Staatsbehörden ausgeschlossen bleiben. Aber wie der Staat seine eigene Verwaltung unter die Oberrechnungskammer stellt, müßte auch hier eine Superrevisionsinstanz geschaffen werden. Außerdem hätte der Staat die an die verschiedenen Beamten zu stellenden Qualificationsanforderungen zu normiren und die nöthigen Prüfungen zu veranlassen. Endlich würde eine Mitwirkung desselben bei Besetzung der obersten Posten schwerlich zu entbehren sein.

Die Grundbuchämter haben zunächst die Grundbücher in der vorgeschriebenen Ordnung zu erhalten und reglementsmäßig fortzuführen. Ihnen fallen alle diejenigen Geschäfte zu, die jetzt von den betreffenden Gerichtsabtheilungen oder von den Hypothekenämtern versehen zu werden pflegen. Außer den Buchungen jeglicher Art, Eintragungen Löschungen Vermerken u. s. w., gehört hierher die Ausfertigung der Grundschuldscheine, so wie die weitere officielle Behandlung derselben und ihrer Annexe, insbesondere der Zinscoupons, und ferner die Redaction des Grundschuldenanzeigers. Alle grund- und gebäudesteuerpflichtigen Grundstücke sind auch eintragungspflichtig. Die Taxe für die Eintragungs- u. s. w. Akte muß so berechnet sein, daß, soweit dies sein kann, die erwachsenden Kosten gerade gedeckt werden, nichts zu verdienen und nichts zuzusetzen ist. Etwaige kleine Ausfälle, wie sie eben noch keine Abänderung der Taxe rechtfertigen, müßten durch verhältnismäßige Ausschreibungen auf alle eingetragenen Grundstücke, auch für die in letzter Zeit keine Buchung vorgenommen worden, gedeckt werden, wie umgekehrt kleine Ueberschüsse ebenso allen zu Gute kommen würden.

Diese selben Grundbuchämter sollen nun aber also hergerichtet werden, daß sie auch die Geschäfte der Hypothekenbanken zu übernehmen angethan sind. Um sich hierüber zu verständigen, muß man über die Natur der zulässigen Grundobligationen bereits einig sein.

Mögen die Grundschulden vorläufig bleiben, was sie sind, nur mit bewußt und consequent durchgeführtem Aufgeben der accessorischen Qualität, im Uebrigen wesentlich den Hypotheken der zur Zeit vorgeschrittensten Systeme gleich, auf Namen oder nicht ausgestellt, eventuell durch ein Notat auf dem Hypothekenschein übertragbar. Es steht demnach im Belieben jedes Grundbesitzers, ob er bei Belastungen seines Landes den allgemeinen Grundschuldenverband nur als Buchungsinstitut, oder zugleich als Bankanstalt benutzen will. Darum können auch die bisherigen landschaftlichen Kreditvereine einstweilen fortbestehen; wer der commerciellen Hülfe des Verbandes nicht zu bedürfen glaubt, mag sich mit andern Gleichgestellten zusammenthun oder allein bleiben, ganz wie es ihm beliebt. Ist der Gedanke des Verbands überall zweckmäßig durchgeführt, so muß die Erkenntnis des eigenen Vortheils über lang oder kurz Alle dahin zwingen, nur verbandmäßige Schulden noch zu contrahiren.

Die verbandmäßige Beleihung aber hat folgende Eigenthümlichkeiten. Sie steht überall in gewisser Beziehung zur Höhe der Grund- und respective der Gebäudesteuer. Beispielsweise mögen alle landwirthschaftlichen Liegenschaften bis zum 4nfachen des jährlichen Betrages der Grundsteuer beliehen werden, bis dahin hilft der Verband auf Verlangen Allen, darüber hinaus Keinem. Auf den ersten Blick mag eine solche Bestimmung hart, willkürlich und auch wieder gefährlich für den Verband erscheinen. Aber zunächst wird man zugeben, daß eine gleichmäßige Regulirung der beiden genannten Steuern für alle Länder des norddeutschen Bundes ohnehin bald zum Bedürfnis werden muß, sodann, daß aus einer passenden Combination beider überall der Werth der einzelnen Grundstücke annäherungsweise zu berechnen ist. Wird eingeworfen, die Annäherung sei doch zu schwach, die bestehenden Versicherungsbanken erforderten weit genauere Taxen, so ist auch darauf Mancherlei zu erwidern: alle Taxen geben nur relative Sicherheit, die besten Taxirungsvorschriften werden lax gehandhabt oder treffen auch selber im einzelnen Fall nicht zu, und die beste Taxirung von heutigem Datum giebt keine Gewähr für die Zukunft. Und wenn wir gleichwol in dieser Beziehung ein Nachstehen unseres Vorschlags zugeben, so bietet derselbe andererseits große Vortheile, die Taxirung kostet weder Zeit noch Geld, alle Willkürlichkeiten der Taxatoren sind ausgeschlossen, jeder Grundbesitzer kann sich in jedem Augenblick selber sagen, wie groß sein Immobiliarkredit sein wird. Und dazu noch eins. Man hüte sich doch, jene Steuern einrosten zu lassen. Ohne zugleich den Staat und die Einzelnen zu schädigen, darf die Thatsache nicht ignorirt werden, daß das Werthverhältnis der Grundstücke zu einander nicht auf die Dauer dasjenige bleiben kann, das die jetzige Regulirung herausgestellt hat. Zieht man die Gebäudesteuer mit in Betracht, so ist der Satz handgreiflich, aber auch für die Grundsteuer allein nicht minder wahr. Es muß dem Staat und ebenso den einzelnen Besitzern daran gelegen sein, daß dieser Wechsel des Werthverhältnisses in den Steueransätzen fortlaufend einen gerechten Ausdruck finde. Zu diesem Zweck bietet der Vorschlag die beste Handhabe, der auch schon dadurch sich empfiehlt, daß er jedem Grundbesitzer ein Interesse schafft, hoch eingeschätzt und besteuert zu werden, und den etwas zu schwer belasteten durch Ausdehnung seines Kredits entschädigt. Das praktische Resultat können wir uns dergestalt denken. Wenn ein Besitzer meint, sein Grundstück vermöge auch eine höhere Schuldenlast als $4np$ ($p =$ der jährlichen Grundsteuer) zu tragen, so meldet er dies bei dem Grundbuchamt an, das eine Nachtaxation durch seine Beamten unter Mitwirkung der Vertrauensmänner anordnet. Zeigt sich, daß die Nettoeinnahme gestiegen ist, so wird die Grundsteuer um q erhöht und demnach Kredit bis zur Höhe von $4n(p + q)$ gewährt. Sollte dies Verfahren noch zu gefährlich erscheinen, so mag der controllirenden Staatsbehörde ein Veto gegen die Erhöhung des Steueransatzes eingeräumt werden.

Ferner schließt die Hülfe des Verbandes das Bestehen aller andern (nicht vom Verbande garantirten) Hypothekenschulden auf demselben Grundstücke aus, und dürfte also neben einer verbandmäßigen Beleihung weder die Hülfe der Kreditvereine noch der Banken nachgesucht werden. Auch gewährt der Verband seine Hülfe nur für runde Summen, die zugleich ungefähr mit dem $n$fachen oder dem $2n$fachen oder dem $3n$ oder dem $4n$fachen des Grundsteuerbetrages abschneiden müssen.

Für die von dem Verbande zu übernehmende Gewähr bieten

sich zwei Wege; scheint der Unterschied auch mehr formeller Art zu sein, so dürfte er doch für den endlichen Erfolg der Bedeutung nicht ermangeln. Entweder der Verband tritt äußerlich als Bürge zu, der zugleich von dem Schuldner ein perpetuirliches Zahlungsmandat für Zinsen und Kapital übernommen hätte. Die Grundschuldscheine müßten danach auf die einzelnen Grundstücke lauten, auf jedem aber die Erklärung des Grundverbands deutlich zu lesen sein, daß er einem Selbstschuldner gleich Zinsen und Kapital zahlen werde. Aber man überzeugt sich bald, daß das Namhaftmachen des einzelnen Gutes, während es thatsächlich die Sicherheit des Gläubigers kaum erhöht, durch den Schein der Verschiedenheit und die daraus herzuleitenden Vermuthungen, daß auf die individuellen Momente doch immerhin Einiges ankommen müsse, den allgemeinen Kredit des Verbandes gefährden würde.

Deshalb ist die zweite Methode vorzuziehen. Der Verband wird als Gläubiger des Grundstücks eingetragen und übergiebt dem Besitzer dafür eine entsprechende Anzahl auf ihn, den Verband, als Alleinschuldner lautender Grundschuldscheine, aus denen weder von dem belasteten Grundstücke noch von der Höhe der Belastung irgend etwas ersichtlich ist. Gegen ein juristisches Bedenken, ob der Verband, bei dem alle Grundstücke Substrat der juristischen Persönlichkeit sind, Gläubiger des einzelnen Grundstücks werden könne, spricht, daß bei Corporationen ja längst das Analoge, die Corporation als Gläubigerin oder Schuldnerin des einzelnen Corporationsgliedes, angenommen ist. Der Kapitalist erhält also auf den Inhaber gestellte Grundverbandschuldscheine mit den zugehörigen Coupons, er wird einfach Gläubiger des Verbandes und bekommt nur, was dieser ihm bietet.

Es empfiehlt sich diese in die Oeffentlichkeit tretenden Schuldscheine zwar alle gleichartig, aber doch keineswegs gleich auszustellen; die Gleichartigkeit ist erforderlich, damit alle gleiches Vertrauen finden, die Gleichheit zu vermeiden, um schleuniger Uebersättigung des Kapitalmarktes vorzubeugen. Das Streben der Centralstelle muß dahin gehen, mannigfaltige Formen von Schuldscheinen zu beschaffen, wie sie den verschiedenartigen Wünschen der Kapitalisten zu genügen vermögen. Es ist leichter, drei Anlehen zu 25, 35 und 40 Millionen unter verschiedenen, als ein einziges zu 100 Millionen unter durchweg denselben Bedingungen zu effectuiren. Demnach sind

I. Apoints von verschiedener Größe auszugeben, aber doch wieder nicht von ganz beliebiger, so etwa von 25, 50, 100, 200, 500, 1000 Thalern; diese dürften dem inländischen Verkehr genügen.

II. Die Zinshöhe muß ebenso verschieden sein; für den jetzigen Augenblick möchten 4, 4½ und 5 Procent angemessen erscheinen, aber auch 3 und 3½ Procent, wie andererseits 6, 7 und 8 Procent müssen, als im Bereich des Möglichen liegend, angenommen werden. Jede Zinshöhe hat ihren Cours für sich, der Gutsbesitzer hat die Wahl und mag sich berechnen, was ihm das Vortheilhafteste ist, 4procentige zu erhalten, die er zu 84 verwerthen kann, oder 4½procentige zu 92, oder 5procentige zum Paricours. Selbstverständlich, daß seine oder vielmehr seines Grundstücks Verbindlichkeiten dem Verbande gegenüber stets im Verhältnis zu dem stehen müssen, was dieser den Kapitalgebern zusagt.

III. Ein ähnlicher Unterschied muß betreffs der Kündbarkeit und Rückzahlungstermine eingeführt werden. Wie bei der Höhe der Apoints, wird auch hier ein ganz willkürliches Belieben auszuschließen sein, darum weil sonst die erstrebte Fixirung der Course unmöglich würde. Es wären also Grundschuldscheine auszugeben, die bis a. 1900, andere die a. 1905, wieder andere, die a. 1910 u. s. w. zurückgezahlt werden sollen. Voraussichtlich bekäme jede Serie nach ihrer Zinshöhe und dem Rückzahlungstermine einen eigenen Cours und es würden die Coursdifferenzen wachsen mit der Niedrigkeit des Zinsfußes und der Nähe des Rückzahlungstermins.

IV. Hieran schließt sich die fernere Möglichkeit, bei den Kapitalrückzahlungen auch andere Verschiedenheiten eintreten zu lassen als die zur Zeit üblichen. Namentlich in Betreff von Zuschlägen zu dem verzinsten Kapital (vgl. oben S. 9, 10), die dann entweder gleichmäßig auf alle Obligationen oder nach der Entscheidung des Looses als Prämien nur auf einzelne zu erstrecken wären.

Der Geschäftsgang würde hiernach folgender sein. Der Verband legt nach seinem besten Ermessen der Bedürfnisse und der Launen des Kapitalmarktes verschiedenartige Anleihen jede von bestimmtem Umfange auf. Beispielsweise

A. mit Rückzahlung blos des verschriebenen Kapitals

a) Rückzahlungstermin a. 1900:
20 Millionen zu 4 Procent, 10 Millionen zu 4½ Procent, 10 Millionen zu 5 Procent;

b) Rückzahlungstermin a. 1910:
30 Millionen zu 4 Procent, 10 Millionen zu 4½ Procent, 20 Millionen zu 5 Procent;

B. mit Kapitalzuschlag, und zwar

a) mit gleichmäßigem

α) von 25 Procent, Rückzahlungstermin 1910:
20 Millionen zu 4 Procent,

β) von 50 Procent, Rückzahlungstermin 1920:
15 Millionen zu 4 Procent;

b) mit Prämienverlosung nach Schema F., rückzahlbar bis 1950:
40 Millionen zu 3½ Procent.

Bei all diesen Anleihen übernimmt der Verband jedem einzelnen Inhaber des Papieres gegenüber die volle Gewähr strikter Einhaltung der zugesagten Bedingungen. Es wäre aber anzunehmen, daß die meisten dieser Anleihen nie ganz vollständig auf den Markt gebracht werden würden. Unmöglich kann der Verbandsvorstand genau im Voraus wissen, welche Schicksale die von ihm auszugebenden Obligationen haben und wie danach die Course derselben sich gestalten werden, was dann wieder ein Hauptmoment für die Regulirung der Nachfrage der Grundbesitzer nach den verschiedenen Grundschuldscheinarten abgeben würde. Aus dem Liegenbleiben gewisser Effektenmassen in den Schränken des Verbandes ergeben sich aber auch keine weiteren Inconvenienzen, als die unnütz verausgabten Papier- und Druckkosten. Nur aus den Prämienanleihen würde außerdem ein kleines Risiko, mit gleichen Aussichten auf Gewinn und Verlust für den Verband entstehen, wie das bei Lotterieunternehmungen nie ganz zu vermeiden ist. Uebrigens wäre auch anzunehmen, daß, wenn eine in der Grundanlage nicht ganz verfehlte Verbandanleihe vorläufig nur in geringem Umfange auf den Markt käme, gerade das beschränkte Angebot den Cours heben und dadurch wieder eine größere Menge von Grundbesitzern veranlassen würde, ihre Bedürfnisse durch Benutzung dieser Anleihe zu decken.

Die zulässigen Varietäten der Grundschuldenobligationen sind noch nicht erschöpft, es ist

V. zu erinnern an den schon oben erwähnten Vorschlag einer wechselnden Zuschlagsrente. Auch damit ausgestattete Anleihen könnten von dem Verbande aufgelegt werden, es käme auf den Versuch an, wie viele Grundbesitzer dieser Gefahr sich zu unterwerfen geneigt wären und was die Kapitalisten für die eventuelle Vergrößerung ihrer Rente mehr zahlen möchten. Entsprechend der obigen Liste:

C. mit Zinszuschlag:

20 Millionen, Rückzahlungstermin 1950,
fester Zins 4 Procent,
Zuschlagsrente 50 Procent von dem steigenden Nettoertrage (zunächst auf städtische Grundstücke berechnet).

VI. Für das Ausland könnten besondere Obligationsarten construirt werden; beispielsweise für den englischen Kapitalmarkt. Man würde die Papiere in englischer Sprache, die Apoints nach englischem Gelde berechnet, zu 20 und 100 Lstrl. ausstellen; Zinsen und Kapital in London und in Goldwährung zahlbar. Das Experiment müßte vorsichtig begonnen, dem fremden Platze zuerst nicht zu viel, aber auch nicht zu wenig zugeführt werden, um eine wirkliche Circulation der fraglichen Papiere im Auslande in Gang zu bringen. Kann wol sein, daß in der nächsten Zeit auch mit künstlicheren Mitteln, Aufkäufen der eigenen Effekten und ähnlichem, nachzuhelfen wäre, um die ausländische Kapitalistenwelt mit unseren Obligationen erst bekannt und allmählich vertraut zu machen. Einem so großen Institut könnte die Ausführung hiervon nicht schwer fallen. Der bei weitem größte Theil der englischen Staatsschuld ist 3 procentig, und pflegt in London zu 90 Procent und darüber gehandelt zu werden. Der norddeutsche Grundschuldenverband ist darum ein noch sicherer und zuverlässigerer Schuldner als der Staat England, weil er von dem Einfluß des Wechsels der politischen Verhältnisse weniger abhängig ist, in der Erfüllung seiner Verbindlichkeiten würde er jenem an Pünktlichkeit und Zuvorkommenheit gegen die Gläubiger nicht nachstehen; zeigt sich außerdem, daß in England selbst auf Abnehmer der norddeutschen Grundobligationen mit gleicher Gewißheit zu rechnen ist wie auf Käufer der Staatsrenten, so wäre es unbegreiflich, wenn die englischen Kapitalisten ihre Augen andauernd den Vortheilen verschließen sollten, die ihnen von unserer Seite leicht geboten werden könnten: man gebe z. B. statt 3 Procent 3½, und stelle die Parieinlösung nach nicht allzu langen Fristen in Aussicht, etwa noch innerhalb des laufenden Jahrhunderts. Unter diesen Voraussetzungen erscheint es nicht als übertriebene Hoffnung, daß unsere 3½ procentigen Verbandschuldscheine in England etwa mit den Consols gleichen Cours hielten, und daß damit vielleicht 100 Millionen Lstrl., weniger als der sechste Theil der 3 procentigen Staatsschuld, für den norddeutschen Grundbesitz flüssig gemacht werden könnten. Der Abgang würde dort wahrscheinlich nicht stark empfunden werden, für uns aber wäre der Gewinn ein sehr erklecklicher. — Zum Geschäftsgange noch so viel, daß wenn ein deutscher Grundbesitzer sich entschlossen hätte, von dem Verbande diese englisch formirten Obligationen zu nehmen, der Verband auch zu der weiteren Unterstützung erbötig sein müßte, die Papiere durch seine Agenten auf dem englischen Markt zu verkaufen, und den Betrag nach dem Tagescourse hier baar auszuzahlen.

Bei all diesen verschiedenen Obligationsformen steht der Verband den Papierinhabern in allem wesentlichen gerade so gegenüber wie irgend ein anderer Großschuldner seinen Papiergläubigern. Vielleicht dürfte er im Stande sein, einige Vortheile über das gewöhnliche Durchschnittsmaß zu bieten. So z. B. wird es möglich sein, jedes Grundbuchamt zu befähigen, alle bei demselben präsentirten Zinscoupons einzulösen. Die Buchämter erheben ja auch die Zinsen, befinden sich also stets, insbesondere aber an den regelmäßigen Zinszahlungsterminen, im Besitze größerer flüssiger Geldmassen. Reichten diese doch, was wol geschehen könnte, im einzelnen Falle nicht aus, so wäre es bei der Entwickelung der Transportmittel jetzt ein Leichtes, ihnen das erforderliche Supplement aus den Kassen der Provinzialhauptämter, oder auch direkt von der Centralstelle aus zugehen zu lassen. Um jede Stockung zu vermeiden, wäre nur zu erfordern, daß größere eingehende Couponsmassen wenige Tage zuvor bei dem zur Zahlung in Anspruch genommenen Grundamt angemeldet werden müßten. Diese Zinszahlung an Ort und Stelle würde namentlich auf das Geld der kleinen Kapitalisten große Anziehungskraft ausüben, aber auch auf alle diejenigen, welche bei dem jetzigen Hypothekenverkehr sich daran gewöhnt haben, ihre Schuldner in der eigenen Nähe zu haben. — Für die Kapitalzahlungen aber dürfte es genügen, daß dieselben außer von dem Centralamt in den Provinzialhauptorten und von einigen auswärtigen Agenturen besorgt werden.

Wie der Grundverband an die Kapitalgeber als Selbstschuldner Zinsen und Kapital zahlt, ebenso erhebt er als Selbstgläubiger Zinsen und Kapital von den Grundstücken, oder von denen, die für diese eintreten. Die Solidität des ganzen Unternehmens beruht darauf, daß der Verband nie in die Lage kommen kann, sei es an Zins oder an Kapital weniger eingenommen zu haben als er auszugeben hätte. Er kann sich einen Reservefonds anlegen, er kann im Nothfalle Ausschreibungen auf alle verbundenen Grundstücke machen; aber jener Fonds wird doch regelmäßig darauf beschränkt bleiben müssen, Betriebsstockungen vorzubeugen und im Voraus nicht genau zu berechnende Ausfälle zu decken, er ist eine sehr brauchbare Hülfsstütze, nie der eigentliche Hauptträger des Kredits; und die Ausschreibungen müssen stets als letztes Auskunftsmittel betrachtet werden, sie sollen den Kredit des Instituts stählen, und gerade dadurch, daß sie stets als möglich erscheinen, dem zuvorkommen sie je wirklich zu machen.

Betreffs der Zinsen wird es zweckmäßig sein, zunächst eine Reserve vom Kapital einzubehalten, indem dies zugleich den Verband sichert und den Grundbesitzer nicht drückt. Zur Erläuterung: auf das Grundstück sind 10,000 zu 5 Procent für den Verband eingetragen, wofür dem Grundbesitzer also 100 fünfprocentige Grundschuldscheine zu je 100 zu geben wären; von diesen werden 5 Scheine als Reserve einbehalten, der Grundbesitzer bekommt nur 95 Scheine, hat aber auch nur 9500 Thaler zu 5 Procent zu verzinsen. Der einzige Schaden des Grundbesitzers besteht darin, daß er etwas weniger Kapital geliehen erhält. Das läßt sich so formuliren: der Verband beleiht kein Grundstück bis ganz zur Höhe des muthmaßlichen Minimalwerths, sondern bringt hiervon noch einen Jahresbetrag der Zinsen in Abzug; oder unter Beibehaltung der vorher gebrauchten Buchstaben:

Nominalbetrag der höchsten zulässigen Beleihung $= 4\,np$,

Effektivbetrag derselben $= 4\,np - \frac{4\,np.z}{100}$, wobei z die Zahl der Procente der zu entrichtenden Zinsen bezeichnet;

dazu ist dann noch zu bemerken, daß die Jahreszinsen auch nicht $\frac{4\,np.z}{100}$, sondern nur $z\left(\frac{4\,np - \frac{4np.z}{100}}{100}\right)$ oder $\frac{4\,np.z}{100} - \frac{4np.z^2}{10000}$ betragen.

Diese Reserve soll dem Verbande als eiserner Bestand verbleiben, der Grundbesitzer stets pflichtig sein, schon vor dem Termine, wo der Verband die entsprechenden Zinsen an die Papierinhaber zu zahlen hätte, dieselben Zinsen an den Verband bereits abgeführt zu haben; wer den Termin nicht inne hielte, gegen den könnte der Verband sofort executivisch vorgehen. Aber auch diese Executionsmöglichkeit soll regelmäßig nur als Drohung, und um nach außen den Kredit des Verbands sicherzustellen, nicht als materielles Zwangsmittel Bedeutung haben.

Unsere Vorschläge suchen durch das in die Mitte Stellen des Grundverbands zweierlei zugleich zu erreichen: während die Sicherheit des Kapitalisten völlig unabhängig wird von den individuellen Verhältnissen desjenigen, dem das Geld zufließt, soll der Schuldner gleichwol die Vortheile behalten, die ein persönliches Bekanntsein mit dem Gläubiger zu gewähren vermag. Der Verband kennt in der That alle seine Schuldner persönlich, bei weitem genauer als die meisten anderen Institute ähnlicher Art, wie z. B. Feuerversicherungsanstalten. Die Kenntnis beruht darauf, daß er in jedem Kreise ein Büreau hat, besetzt mit höheren, ihrer Bildung und äußeren Lebensstellung nach durchaus zuverlässigen Beamten, deren Beruf fast darin aufgeht, unmittelbare Kenntnis von den Vermögens- und Kreditverhältnissen der Grundbesitzer ihres Bezirkes zu erwerben. Neben diesen stehen dann noch die von den Grundbesitzern selber erkorenen Vertrauensmänner. Nur die landschaftlichen Kreditvereine haben die Möglichkeit, die individuellen Verhältnisse ihrer Mitglieder mit gleicher Sicherheit zu beurtheilen. Aber sie verwerthen diese Möglichkeit nicht genügend. Die individuelle Kenntnis erstreckt sich auch auf das bewegliche Vermögen und die persönliche Thätigkeit, und gerade hierfür ist sie von besonderer Bedeutung. Was ein Grundstück werth sein mag, das können geübte Taxatoren, die von weit hergeschickt in dieser Gegend persönlich unbekannt sind, auch noch ermitteln; aber sie sind außer Stande, die Masse des beweglichen Vermögens zu constatiren, oder über die Arbeitskraft und Arbeitslust der einzelnen Darlehnssucher schlüssig zu werden. Das Urtheil über diese beiden Kreditbasen kann nicht anders als im Zusammenleben, im andauernden nahen Verkehr aus tausend kleinen, einzeln meist unerheblichen, nie zur Kenntnis weiterer Kreise gelangenden Thatsachen festgestellt werden. Wer aber in der Lage ist, solche Einsicht in die Kreditwürdigkeit seiner Schuldner zu erlangen, darf diesen Vortheil nicht unbenutzt, die Einsicht nicht unverwerthet lassen. Demnach liegt es in der Aufgabe des Verbands, auch den persönlichen, insbesondere den Mobiliarkredit der Grundbesitzer flüssig zu machen. Das nächste Resultat hiervon würde sein, daß die Grundbesitzer die Grundschuldenzinsen zwar stets pünktlich, aber nicht stets baar abzuführen hätten.

Jedes Buchamt wirkt zugleich als Bankgeschäft für die Grundeigenthümer des Kreises. Jedem Grundbesitzer wird auf sein Verlangen ein laufender Kredit gegen genügende Sicherheit eröffnet. Wie hoch dieser Kredit steigen dürfe, richtet sich nicht etwa nach der Größe und Menge der Güter, die der Einzelne besitzt, sondern nach dem Gutachten der höchsten Buchbeamten und der Vertrauensmänner unter persönlicher Verantwortlichkeit beider. Dieselben haben ebenso zu entscheiden, was als genügende Sicherheit anzunehmen sei. Durch die persönliche Verhaftung neben der Aufstellung nicht leichtfertiger Verwaltungsnormen wird einer schwindelhaften Ausdehnung dieser Kreditgeschäfte leicht vorgebeugt werden; schwieriger scheint es, Ungerechtigkeiten wider einzelne Besitzer fernzuhalten, indessen wird die Menge der Vertrauensmänner und die Zulässigkeit einer Appellation an die Provinzialhauptstelle schätzbare Garantien geben, während kleine Uebelstände, als überall unvermeidlich, mit in den Kauf zu nehmen sind. Diese Uebelstände würden hier aber auch nur unter der Voraussetzung der Unfähigkeit oder Böswilligkeit der Beamten und der Vertrauensmänner zugleich hervortreten; thut nur einer von den Betheiligten annähernd seine Pflicht, so ist etwas erreicht, was bei dem Hypothekeninstitut alter Construction fehlt und oft schmerzlich vermißt ist, eine Controlle und ein Hemmschuh der Deterioration der beliehenen Besitzungen.

Denken wir uns folgenden keineswegs unerhörten Fall. Ein größeres Gut ist hoch, aber nicht übermäßig hoch belastet, die Kapitalien wären bei regelrechter Zinszahlung auf zwanzig Jahr unkündbar eingetragen. Der Besitzer, vielleicht der Erbe des früheren, beginnt zu devastiren, er saugt den Boden durch überanstrengende

Culturen aus, läßt das beste Holz in der Forst schlagen, Baulichkeiten und Inventar allmählichem Ruin verfallen. Dabei aber hat er im Augenblick die schönsten Einnahmen, und versäumt nie einen Zinszahlungstermin. Die Gläubiger sind nach geltendem Hypothekenrechte wehrlos, und mögen einem erheblichen Kapitalverlust entgegensehen. — Einem solchen Schuldner gegenüber steht der Verband anders da als jeder Privatgläubiger. Der Verband muß von der Deterioration Kunde erhalten, während dies bei dem Privatgläubiger mehr oder weniger vom Zufall abhängt; der Verband hat in der Beschränkung, schließlich in der Versagung des laufenden Kredits ein wirksames Gegenmittel; auch könnte er in seine Contracte Kündigungsbedingungen aufnehmen, die beim besten Willen auf die Verhältnisse des Einzelgläubigers nicht zu übertragen wären, beispielsweise:

> wem das Buchamt unter Zustimmung sämmtlicher Vertrauensmänner den laufenden Kredit entzogen hat, der muß innerhalb der nächsten zwei Jahre die Wiederaufhebung dieses Beschlusses bei dem Buchamte selber, oder bei den diesem vorgesetzten Instanzen erwirken, widrigenfalls sämmtliche auf die demselben zugehörigen Güter eingetragenen Verbandskapitalien als gekündigt gelten.

Der bankmäßigen Beleihung definitiv entzogen ist kein Werthobject, das nicht etwa schon durch die Eintragung der Grundobligation selber dem Verbande verhaftet wäre. Als Träger des Mobiliarkredits kommen also in Betracht alle Früchte, die der Besitzer aus dem Grundstück bereits bezogen hat, auch sein Inventar, Kapitalforderungen Effekten Juwelen u. s. w., auch Wechsel, alles nach dem übereinstimmenden Ermessen der Beamten und der Vertrauensmänner. Bei manchen Stücken versteht sich von selber, daß die Beleihung nur geschehen kann, wenn dieselben als richtige Faustpfänder auf dem Amte deponirt werden; solche Deposition wäre beim Inventar unmöglich, bei größeren Getraide- oder Wollenvorräthen schwierig. Daß die Detention dieser Pfandobjecte dem Krebitnehmer gelassen wird, setzt besonderes Zutrauen voraus, das wieder nur durch die genaue Kenntnis, welche die Grundbeamten und die Vertrauensmänner auch von dem Charakter der einzelnen Besitzer haben, begründet werden kann.

Die Formen all dieser Beleihungen sind die der gewöhnlichen Bankgeschäfte. Dem entspricht, daß der Grundbesitzer, der gerade Geld übrig hat, dies auch jederzeit auf dem Amte einzahlen kann, und dann, je nach der Beschränkung seines Rückforderungsrechts, größeren oder kleineren Zins dafür erhielte. Für den Verkehr der Gutsbesitzer unter einander empfiehlt sich das Girogeschäft. Auch könnte es wol sein, daß durch diese Grundamtsbanken das äußerst schmiegsame Institut der Checks bei uns in lebhaftere Aufnahme käme. Ueberhaupt wird man zugeben daß hier der Erfolg nach keiner Seite hin mit Sicherheit zu berechnen ist. Das Heranziehen des Mobiliarkredits hat zunächst nur den Zweck, den Grundbesitzern die Zahlungen der Zinsen Amortisationsgelder Prämien und was dem gleich steht zu erleichtern, indem das Verbandsamt mit seiner Bankthätigkeit dafür wirkt, den Ueberschuß einer Zeit mit dem Mangel der anderen auszugleichen, und den Einzelnen vor den Nachtheilen zeitweiliger Stockungen in der Kapitalsbewegung zu bewahren. Aber es wäre so wenig zu verhindern wie zu bedauern, wenn mit diesem Mittel über den angegebenen Zweck hinausgeschossen würde. Der Grundbesitzer braucht flüssiges Kapital auch zu anderen Zwecken als zur Bezahlung seiner Grundzinsen, und schaffen ihm die Bankinstitute des Verbands davon stets soviel, wie er zu dieser Zinsenbezahlung braucht, so ist gar nicht abzusehen, warum dieselben ihm nicht unter Umständen auch noch mehr davon sollten verschaffen können, oder warum er freiwillig von der Benutzung dieses Vortheils abstehen sollte. Irgend eine Grenze würde natürlich auch hierfür gefunden werden, nur das Wo liegt einstweilen verborgen. Undenkbar scheint es nicht, daß die Grundbesitzer dereinst eine Reihe der wichtigsten Zahlungen leisten werden durch das Medium der Verbandsbanken, die mit dem Vortheil einheitlicher Geschäftsführung den andern verbänden, im Gebiet des norddeutschen Bundes überall gegenwärtig zu sein.

Gezwungen aber ist kein Grundschuldner, auf diese Geschäfte sich einzulassen. Wer seine Zinsen lieber baar bezahlen will, thue dies, nur rechtzeitig. Statt der Baarzahlung kann er auch die fälligen Coupons selber einreichen, und zwar ganz gleichviel, ob die zu den Stücken gehörigen, die ihm ausgehändigt worden und die er vielleicht zu veräußern unterlassen, oder die von anderen Stücken, die er sonst woher erworben, falls nur der Fälligkeitstermin dieser Coupons derselbe ist.

Gehen wir zu den Kapitalzahlungen über. Hier treten zwei Fragen in den Vordergrund, Amortisation und Versicherung. Soll der Verband bei allen Beleihungen von Grundstücken neben den Zinsen auch eine Amortisationsprämie sich ausbedingen? oder soll es in das Belieben der Grundbesitzer gestellt bleiben, ob sie die Hülfe des Verbandes in dieser Weise in Anspruch nehmen oder die Zukunft für die Zukunft sorgen lassen wollen? — Man erinnere sich einiger Resultate der Rentenrechnung.

Zahle ich jährlich 1, so wird ein Kapital von 100 dadurch, und Zins auf Zins gerechnet,

getilgt in 36,72 Jahren bei einem Zinsfuß von 5 Procent,
" " 41,03 " " " " " 4 "

Zahle ich nur ½ Procent jährlich, so ergiebt sich dasselbe
in 49,15 Jahren bei einem Zinsfuß von 5 Procent,
" 56,02 " " " " " 4 "

und wenn ich auch nur ¼ Procent zahle,
in 62,39 Jahren zu 5 Procent,
" 72,24 " " 4 " berechnet.

Bei langandauernden Anleihen wird also der erforderliche Amortisationszuschlag nach beiden Zinssätzen sehr klein; die Amortisation in 100 Jahren würde gar nur erfordern einen Jahresbeitrag von

ca. 1/26 Procent beim Zinssatz von 5 Procent,
„ 1/12 „ „ „ „ 4 „

Größeren Geldinstituten macht es bekanntlich keine Schwierigkeit, Geld zu Zinseszins anzulegen; also könnte der Grundverband die Amortisation aller contrahirten Grundschulden innerhalb 100 Jahre übernehmen, wenn ihm von jedem Schuldner gegeben würden

bei einem Normalzinsfuß von 5 Procent auf je 100 Thaler jährlich etwa 1 Groschen 3 Pfennige,

beim Zinsfuß von 4 Procent auf je 100 Thaler etwa 2 Groschen 6 Pfennige;

der Schuldner könnte also seine gesammte Schuld von 100 tilgen mit Zahlung von im Ganzen 4 oder im Ganzen 8, die in einzelnen Jahresraten zu erlegen wären. Die Amortisationsquote belastet also den Schuldner selbst bei niedrigem Zinsfuß bei 50jährigen Anleihen nur wenig, bei 100jährigen und noch längeren so gut wie gar nicht.

Hieraus mag sich schließen lassen, daß bei allen Anleihen, die in technischem Sinne lange heißen mögen und für die die Minimalgrenze zwischen 40 und 60 Jahr zu legen sein dürfte, der Verband darauf bestehen muß, daß von dem Grundbesitzer außer den Zinsen noch ein Amortisationsbeitrag zugesagt werde. Bei kürzeren Anleihen würde dieselbe Strenge, wegen der rasch steigenden Amortisationsquote, zur Härte gegen den Schuldner, und scheint im Interesse des Verbandes und seines Kredits nicht erforderlich, sobald ein solides Versicherungssystem für alle Grundschulden consequent durchgeführt wird.

Dies Versicherungssystem setzt zunächst umfängliche statistische Ermittelungen voraus, um aus der Vergangenheit die muthmaßliche Höhe der Grundstückspreise bei etwaigen Zwangsverkäufen, und damit die von dem Verband bei jeder Beleihung übernommene Gefahr zu berechnen. Der Verband fordert bei jeder Beleihung eine entsprechende Versicherung, und zwingt alle Schuldner, bei denen das Risiko gleich groß ist, sich zunächst unter einander zu versichern.

Zur Erläuterung ein Beispiel, zu dem ausdrücklich bemerkt werden mag, daß alle darin angenommenen Zahlen durch andere erst durch die statistischen Forschungen erfindliche zu ersetzen sind. Wir kehren zu den obigen Annahmen zurück, der Verband bestimmt für jedes Grundstück ein Maximum der Kapitalbelastung und setzt dies auf den 4nfachen Betrag der Grundsteuer. Die Schulden jedes Grundstücks aber werden in vier gleiche Posten von je np (p = jährl. Grundsteuerbetrag) zerlegt. Jede verbandmäßige Beleihung umfaßt einen solchen ganzen Posten, mit kleineren Geschäften befaßt der Verband sich nie, dagegen steht es im Belieben des Grundbesitzers, zur Zeit nur einen oder mehre oder alle Posten eintragen zu lassen. Auf einem verbandmäßig voll beliehenen Grundstück würden also nach altem Sprachgebrauch vier auf einander folgende Hypotheken stehen, jede von demselben Betrage (= np).

Für jeden der vier Posten ist eine besondere Versicherungsprämie zu zahlen. Für den ersten Posten kommt die Wahrscheinlichkeit in Betracht daß der Verkaufspreis einmal unter np, für den zweiten daß der Preis unter 2np, für den dritten daß er unter 3np, für den letzten daß der Preis unter 4np zurückbleiben könnte. Offenbar steigt die Wahrscheinlichkeit eines Ausfalls mit jedem späteren Posten, und darum wird die Prämie gesetzt

für I auf α
" II " $\alpha + \alpha'$
" III " $\alpha + \alpha' + \alpha''$
" IV " $\alpha + \alpha' + \alpha'' + \alpha'''$

und es wäre also an Prämien zu zahlen für ein Grundstück

belastet mit 1 Posten $= \alpha$
" " 2 " $= 2\alpha + \alpha'$
" " 3 " $= 3\alpha + 2\alpha' + \alpha''$
" " 4 " $= 4\alpha + 3\alpha' + 2\alpha'' + \alpha'''$

Diese Prämien werden aber bei der Jahresrechnung keineswegs alle in einen Topf geworfen, vielmehr werden die Versicherungen für alle Posten derselben Stufe unter sich berechnet.

Gesetzt also, es wären belastet

mit	Posten	I	Grundstücke	203,757,
"	"	II	"	167,541,
"	"	III	"	79,523,
"	"	IV	"	6,789,

und es kämen im Jahre vor Zwangsverkäufe 279, von denen ergäben

173	einen Ertrag von mehr als 4np,				
63	"	"	zwischen 3np	und	4np,
17	"	"	" 2np	"	3np,
16	"	"	" np	"	2np,
10	"	"	unter np,		

so hätten die 6789 Vertreter des Postens IV zu participiren an allen 106 Ausfällen, und zwar hätten sie davon allein zu tragen die 63, wo der Erlös doch 3np überschreitet, an den übrigen 43 aber haben sie nur mitzutragen, und zwar gerade so viel, wie wenn dieser Erlös eben 3np ergeben hätte. Entsprechend haben die 79,523 Repräsentanten von Posten III mitzutragen nur an 43 Ausfällen, davon 17 (wo der Erlös zwischen 2np und 3np) allein, soweit dieselben nämlich nicht schon von den Repräsentanten der Klasse IV gedeckt sind, 26 auch mit den höheren Klassen gemeinschaftlich, und daher wieder auf das Maß beschränkt was ihnen zukäme wenn diese 26 Verkäufe gerade je 2np ergeben und die höheren Klassen nicht mitverletzt hätten. Ebenso haften die 167541 Partner der II Klasse nur für 16 Ausfälle, die 203757 der I Klasse nur für 10 Ausfälle und beide haben diese auch nur zum Theil zu tragen. Nun fragt sich, wieviel von jeder einzelnen Klasse im laufenden Jahre an Versicherungsprämien aufgebracht ist; deckt dies die Summe der die Klasse treffenden Ausfälle nicht, so wird von den Partnern derselben Klasse eine Supplementarprämie für dies Jahr nachträglich eingefordert, ergiebt sich umgekehrt ein Ueberschuß, so wird derselbe als Dividende auf die für das nächste Jahr von den Partnern eben dieser einen Klasse einzufordernden Prämienbeiträge verrechnet.

Nach diesem Plane erscheint der Verband und mit ihm all seine Gläubiger jeder Gefahr überhoben, sobald nur die Beleihungen nicht zu weit ausgedehnt, das 4n nicht zu hoch gegriffen und die Versicherungsprämien nicht zu niedrig angesetzt werden. Daß die Prämien so berechnet sein müssen, um die Anlegung von Reservefonds jeder Klasse für sich zu gestatten, braucht kaum gesagt zu werden. Wenn aber die Berechnungen einmal sich falsch erwiesen, die Prämien zur Deckung der die eine, insbesondere die IV Klasse treffenden Ausfälle nicht genügten, der Reservefonds der Klasse und der ihr möglicherweise aufzuerlegende Nachschuß auch nicht ausreichten, dann freilich würde der Verband am Klügsten thun, den Schaden sofort ganz selber, d. h. auf die Gesammtmasse seiner Grundstücke zu übernehmen, und ihn, sei es aus seinem Generalreservefonds oder durch Anleihe zu decken; jede andere Vertheilung des Schadens wäre durch innere Gründe nicht zu rechtfertigen und drohte das Uebel noch größer zu machen indem sie wiederum die schwächeren Schultern überbürdet. Versteht sich, daß auch die Prämiensätze danach zu modificiren wären, doch nur, um in Zukunft vor ähnlichen Eventualitäten geschützt zu werden, nicht zur Entschädigung für die einmal erlittene Einbuße.

Ein anderer Vorzug desselben Plans liegt in seiner Gerechtigkeit: daß die gleichen Vortheil vom Verbande genießen, gleichen Strang ziehen, gleich zahlen und an der Tragung derselben Gefahren theilnehmen. Aber freilich würde die Gerechtigkeit, wenn sie nicht auf umsichtig vorgenommenen statistischen Feststellungen fußte, leicht in ihr Gegentheil umschlagen. Nur nach diesen Feststellungen würden beispielsweise die Fragen zu entscheiden sein: welche Maxima der Belastung (Kapital- und Renten-Maxima) zulässig seien? insbesondere ob diese Maxima für alle Provinzen gleich anzunehmen? und ob die Klasseneintheilung für die verschiedenen Provinzen verschieden zu gestalten? Höhe der Prämiensätze? — Als gewis aber darf man annehmen, daß, welches auch das Resultat der ersten statistischen Ermittelungen sein möchte, der Verband nie an demselben festkleben dürfte; von Jahr zu Jahr sammelt er neues Material, das, mit dem alten verbunden, zu stets neuen, wechselnden Ergebnissen führen muß. Doch werden nicht alle Jahre neue Tarife aufgestellt werden können, sondern in längeren Fristen, für fünf- oder zehnjährige Perioden etwa.

Amortisationsquoten und Versicherungsprämien zieht der Verband gerade eben so ein wie die an ihn zu entrichtenden Zinsen. Bleiben fällige Kapitalzahlungen aus, so steht ihm schleunige und straffe Execution gegen das Grundstück zu. Die Kapitalzahlung aber könnte wie in baarem Gelde in den Obligationen geschehen, die der Verband dem Grundbesitzer bei Contrahirung der Anleihe ausgehändigt hat, oder in andern gleichartigen Verbandschuldscheinen. Vor dem Fälligkeitstermin sind Kapitalzahlungen als solche jedesfalls dann nicht zuzulassen, wenn sie die Höhe eines ganzen Schuldpostens nicht erreichen. Nichtsdestoweniger aber würde das Grundbuchamt die Annahme von Geldern und Effekten auch in diesem Falle nicht zu weigern haben, vielmehr sich als Mandatar des Schuldners geriren, beauftragt Zinszahlung und endliche Kapitaltilgung vorzunehmen.

Der erforderliche Betriebsfonds könnte dem Verbande zunächst vom norddeutschen Bunde, oder sei es auch vom preußischen Staate, gegen Uebernahme der Verzinsung und Amortisation vorgestreckt werden. Später würde aus den Ueberschüssen das Nöthige bald erworben sein. Hat der Verband erst eigenes bewegliches Kapital, so kann auch die Notenemission zur Erleichterung seiner Bankgeschäfte innerhalb fester Schranken ihm unbedenklich gestattet werden.

Die Rechtsänderungen.

Durch die Institution des Grundschuldenverbands wird das Bedürfnis der Rechtsänderung und der Rechtseinigung nicht gesteigert. Fast ließe sich das Gegentheil behaupten. Glaubt man, daß die Grundverbandobligationen bestimmt seien die Hypotheken dereinst ganz zu ersetzen, so käme es nur darauf an, dem Verband an den Grundstücken überall gleiches Recht zu verschaffen; die Kapitalisten träten mit niemand als dem Verbande selber in Beziehung. Es würden also wol überall Grundbücher vonnöthen sein, aber manche Divergenzen betreffs der Einrichtung und Verwaltung derselben, so wie der Gestaltung der aus ihnen resultirenden Rechte brauchten nicht als besonders störend empfunden zu werden.

Wollte man deshalb alle Sorgfalt auf die Entwicklung des Grundverbands concentriren und die Rechtsfortbildung vernachlässigen, so wäre dies dem alten Hypothekeninstitut gegenüber kein ganz ehrliches Spiel. Die Erfahrung soll darthun, was den Interessen des Grundbesitzers besser entspricht, unter Benutzung der Hypothekeneinrichtungen seinen Kredit auf eigene Hand zu suchen (Einzelselbsthülfe), oder hierzu mit andern, wenn es sein kann mit allen gleich gestellten sich zu verbinden (Selbsthülfe nach dem Gegenseitigkeitsprincip). Aber die Concurrenz muß eine durchaus gleiche sein, es dürfen einer gelungenen Verwirklichung des einen Princips nicht Repräsentanten des andern gegenübergestellt werden, mit Mängeln und Schäden behaftet die mit diesem Principe in keinem innern Zusammenhang stehen. Nur wenn das nach besten Kräften geförderte Hypothekeninstitut mit einem ebenso ausgebildeten Verbandssystem verglichen würde, könnte man zum richtigen Urtheil über den Werth beider Einrichtungen zu gelangen hoffen.

Und dies Erfordern, das Hypothekeninstitut möglichst gut herzustellen, drängt zugleich zur Rechtseinigung, in den Hauptpunkten wenigstens. Das Immobiliarschuldrecht zählt nicht zu den Abschnitten, wo partikularistische Eigenthümlichkeiten für den Fluß der Rechtsentwickelung im Ganzen von vorzüglicher Bedeutung sind. Freilich hat es unter den bisherigen Verkehrsverhältnissen nicht die entschieden kosmopolitischen Tendenzen von See- Handels- und Wechselrecht annehmen können, es ist aber gleichwol unerfindlich, warum das beste Hypothekenrecht für einen Theil Deutschlands wesentlich anders geartet sein müßte als für den andern.

Am gerathensten scheint, mit gebotenen Modificationen die Maßregeln zu wiederholen, die die Einführung der deutschen Wechselordnung und des Handelsgesetzbuchs begleitet haben. Also ein Universalgesetz und daneben eine Reihe von Einführungsgesetzen, um jenes in die Verhältnisse der einzelnen Territorien hineinzupassen. Dabei dürfte das Verhältnis der einen zum andern, was die äußere Erscheinung anlangt, dies Mal sich umkehren. Das Grundschuldengesetz so gut wie die Grundbuchordnung wird auf relativ kleinen Umfang zu beschränken sein, der von manchem der neuen Einführungsgesetze überschritten werden möchte. Denn das gehört zweifellos auch zu den Anforderungen an ein gutes Hypothekenrecht, daß es partikularistische Besonderheiten, soweit sie sich geltend machen wollen, nicht übersieht, noch wissentlich bricht. Es ist nicht Großes, aber Vieles, was hier der Partikularismus fordert; gerade in den gerühmtesten Hypothekengesetzen begegnen wir vielen Rücksichten auf provinzielle Eigenthümlichkeiten, und der Nutzen gewaltsamer Ausgleichung stände nicht im richtigen Verhältnis zu dem allgemeinen Misbehagen und den materiellen Schäden, die daraus hervorgehen müßten.

Von den in Geltung stehenden Hypothekengesetzen könnte keins den Anspruch erheben zum Universalrecht erhoben zu werden, wol aber haben wir daran treffliche Vorlagen zur Arbeit. Vor den andern, in einigen Beziehungen auch vor den andern Mecklenburger Hypothekenordnungen scheint die jüngste von diesen, die revidirte Stadtbuchordnung vom 21. December 1857, Beachtung zu verdienen. Namentlich ist hervorzuheben, daß hier der Gedanke, die Hypothek sei ein selbständiges Recht dinglicher Art, keine Accession persönlicher Rechte, völlig klar ausgesprochen und consequent durchgeführt ist:

§. 19. Ferner ergreift das Recht nur das Grundstück als solches, nicht die Person des zeitigen Eigenthümers, und ist daher unabhängig von den in der letzteren vorgehenden Veränderungen.

1. Durch die Eintragung entstehen keine bloßen Sicherheitsrechte für eine persönliche Verhaftung des die Eintragung Beantragenden, sondern selbständige dingliche Belastungen des Grundstücks.
2. Der Antrag auf Eintragung ist durch eine solche persönliche Verhaftung nicht nothwendig bedingt, vielmehr bleibt dieserwegen Alles der Vereinbarung der Betheiligten überlassen.
3. Ein späterer Eigenthümer ist als solcher für seine Person nicht verhaftet.

Aehnlich §. 16. der revidirten Landgüterordnung. Anführenswerth ist aus der Stadtbuchordnung dann hier noch:

§. 26, 1. Der Eigenthümer ist berechtigt, an der Stelle eines seit der Publication dieses Gesetzes getilgten Postens eine gleiche Summe ungetheilt oder in zulässiger Weise getheilt wiedereintragen zu lassen. (Was wieder dem §. 24, 2. der L. G. O. entspricht.)

Andere Bestimmungen genügen weniger: das Legalitätsprincip ist in der Stadtbuchordnung nicht völlig aufgegeben (vgl. §. 13, 1.); die Hypothekenscheine (§. 16.) sind zu schwerfällig; die Stadtbuchordnung (§. 22. §. 36. §. 37, 4. 5.) kennt noch eine Umschreibung der eingetragenen Forderungen, obschon diese hier nicht, wie in der revidirten Landgüterordnung (§. 18.) bei Strafe geboten ist; höhere Zinsen als 5 Procent für das Jahr dürfen nicht eingetragen werden. (St. O. §. 15, 1. L. G. O. §. 14, 1.)

Schon der Entwurf von 1864 hatte die Einführung neu gestalteter Bücher ins Auge gefaßt, die alten Schemata sollten zwar einstweilen beibehalten werden, „insofern aber es der Anlegung eines neuen oder der Uebertragung eines alten wegen mangelnden Raumes" bedürfte, waren neue Schemata zur Anwendung vorgezeichnet. Daß mit der Zeit die Grundbücher auf dem ganzen Bundesgebiete gleichmäßige Form erhalten, dürfte nicht zuviel gefordert sein, und zu den Büchern wären dann auch noch Flur- oder Gemarkungskarten zu wünschen.

Denn die Bücher allein reichen zur genauen Umgrenzung und damit zur Individualisirung der einzelnen Grundstücke nicht aus. Bei Landgütern namentlich kann die Gutsbeschreibung mit Worten gar nicht so gegeben werden, daß sie jede Grenzirrung ausschlösse. Auch Flächenmaßangaben helfen nur wenig. Eingetragen steht das Gut zu 597 Morgen, eine Nachmessung vor der Subhastation ergiebt nur 550 M. Und doch waren bei der Beleihung die 597 M. wirklich noch zum Gut gehörig, aber der Besitzer hat unter der Hand verschiedene Grenzstreifen den Nachbarn abgelassen, die nun längst von den Erwerbern an ihr Land unterschiedslos herangepflügt sind. Kein Mensch kennt die alten Grenzen, oder welches die 47 Morgen sind, die verloren gegangen: wer hilft den Gläubigern? Wider diesen und ähnliche Verluste sichern nur Flurkarten, denen unbedingte Beweiskraft auch gegen die Beschreibungen und Maßangaben in den Büchern beizulegen wäre. Jeder, den es interessirt, könnte danach die Größe des Grundstücks geometrisch mit höchster Genauigkeit berechnen, und dürfte gewis sein, daß kein Zufall, der nicht etwa aus einem übermächtigen Naturereignis hervorginge, etwas davon abzuschlagen vermöchte.

Nur ein größeres Bedenken macht sich dawider geltend: die

Kostspieligkeit dieser Karten. Bei der Grundsteuerregulirung in Preußen war die Anweisung ergangen, die Gemarkungskarten, „soweit es irgend möglich“, auf dem Wege der Copirung zu beschaffen, „neue Aufnahmen aber auf die dringendsten Fälle zu beschränken“. So sind bei mehr als 74 Millionen Morgen vorhandene Karten benutzt, nur etwa 14 Millionen Morgen neu vermessen. Die dergestalt gefertigten Karten haben keinen gleichen Maßstab, er schwankt gewöhnlich von 1:2000 bis 1:5000, ausnahmsweise bis 1:25,000.

Die Kosten des geometrisch-technischen Theils des Veranlagungswerks betrugen aber für die sechs östlichen Provinzen über drei Millionen Thaler. — Diese jetzt vorhandenen Gemarkungskarten haben für das, was im Interesse des Bodenkredits zu begehren wäre, doch nur die Bedeutung schätzbarer Vorarbeiten; eine Revision, eventuell mit neuen Aufnahmen und Messungen, scheint, wenn die Karten definitiv über das Mein und Dein entscheiden sollen, unerläßlich. Der Kostenaufwand dafür wird zweifellos erheblich sein. Dahingegen möchte die Fortführung des einmal angelegten Kartensystems keine bedeutenden Mehrausgaben bedingen.

Detailfragen, die Einrichtung der Bücher betreffend, müssen hier ausgesetzt bleiben. Dagegen ist in Erwägung zu nehmen, wodurch wir das verworfene Legalitätsprincip ersetzen wollen. Alle Eintragungen ausnahmslos wirken gegen jemand, der entweder in dem Buch selber eingetragen steht oder nicht steht. Beide Fälle sind zu unterscheiden. Eintragungen, die nur wider gebuchte Berechtigte wirken, wie Löschungen von Forderungen oder anderen Rechten an der Sache, desgleichen Einschreibungen von beliebigen **iura in re aliena**, die nur zulässig wenn der Eigenthümer gegen den sie geschehen im Buch steht, ferner Intabulationen des neuen Eigenthümers wenn der alte Eigenthümer gleichfalls eingetragen war; alle diese und ähnliche Akte fordern nichts als daß der Buchberechtigte gegen den sie stattfinden, vorausgesetzt daß derselbe dispositionsfähig, seine Einwilligung in glaubhafter Weise erkläre. Um dies zu erleichtern wird es zweckmäßig sein, einmal innerhalb des Buchrechts nur diejenigen Dispositionsbeschränkungen zur Anerkennung gelangen zu lassen, die zu Buch gebracht sind, sodann zu gestatten, daß die berechtigten Vertreter von Dispositionsunfähigen wie von Dispositionsfähigen gleichfalls in das Buch eingetragen und hiernach bei den von ihnen abzugebenden Consenserklärungen durch das Buch allein genügend legitimirt werden können. Sind Rechte an Scheine geknüpft, so müssen diese natürlich wie Stücke des Buchs behandelt werden, es bedarf hierzu der das Recht verletzenden Eintragung des Consenses nur desjenigen, den der Schein legitimirt. Uebrigens wird es kaum des Zusatzes bedürfen, daß der Einzutragende auch ein Recht auf die Consenserklärung des Eingetragenen haben und dasselbe mit Klage verfolgen kann. In solchem Falle hat der Richter einen vorläufigen Vermerk zum einstweiligen Schutze des Klägers zu veranlassen, und das condemnirende Erkenntnis wirkt der abgegebenen Einwilligungserklärung des Schuldigen gleich.

Nicht gebuchten Berechtigten gegenüber läßt sich dies Consensprincip augenscheinlich nicht festhalten. Insbesondere kommen hier Eintragungen des ersten Eigenthümers, wenn die früheren noch nicht in das Buch aufgenommen gewesen, und Eintragungen derjenigen in Betracht, die durch Erbfall in das Recht eines Buchberechtigten nachrücken. Beide Male ist ein durchaus befriedigendes Auskunftsmittel undenkbar, man muß sich an formeller Wahrheit genügen lassen, und hat bei dieser nicht die regelmäßige Rechtfertigung eines Richterspruches, daß ja mit dem gegen den erkannt auch verhandelt worden sei, seine Schuld sei es, wenn er den Richter von dem ihm zustehenden Rechte zu überzeugen nicht gewußt habe. Hier aber fehlt die Garantie, daß mit denen gegen welche die Eintragung wirkt verhandelt worden. In der That sind die gekränkten Berechtigten sehr oft nicht einmal geladen, denn es ist eine durchaus willkürliche Annahme, eine Aufforderung in öffentlichen Blättern, die dem Betroffenen nie zur Einsicht gekommen, für eine gehörige Ladung desselben zu erklären. Und doch muß man dabei stehen bleiben, weil der Glauben und die Beweiskraft des Buches nicht abgeschwächt werden dürfen, und kein anderes Mittel, die formelle Wahrheit mit der materiellen in Einklang zu setzen, sich finden läßt. — Gegenüber dem jetzigen Zustande aber müßte es als Fortschritt begrüßt werden, wenn für all solche Proclamationen und Citationen jede Willkür bei Auswahl der zur Bekanntmachung zu benutzenden Blätter wegfiele. Wir müssen Blätter bekommen eigens zu diesem Zwecke, und in diese allein müssen jene Publicationen officiell inserirt werden. Dann weiß Jeder, der vor Schaden der Art sicher sein will, wo er nachzusehen hat; er weiß aber auch daß, wenn er nachzusehen unterläßt, er nicht das was an ihm gethan hat, um den Schaden zu meiden, er also auch nicht unverschuldet dem Schaden verfällt. Für die Grundschulden, zugleich aber auch für das Grundeigenthum, überhaupt alle Rechte an Immobilien, empfiehlt sich die Einführung eines allgemeinen Grundanzeigers, auf den schon vorhin gedeutet worden, und der in den mannigfaltigsten Beziehungen bei der Ausführung unserer Vorschläge mit Vortheil zu benutzen sein würde.

Wenden wir uns von den Eintragungen zu dem Eingetragenen, insbesondere zu den Grundschulden. Diese müssen fortab selbständige dingliche Rechte sein. Die Selbständigkeit derselben ist ein negatives Requisit, sie sollen aufhören als Dependenzen anderer Rechte aufzutreten. Man kann sich leicht überzeugen, daß wir die accessorische Qualität unserer Hypotheken lediglich historischer Tradition verdanken, und zwar einer Tradition die den Boden bereits unter den Füßen verloren hat. Das römische Pfandrecht, pignus und hypotheca, war von seiner Entstehung ab ein accessorisches Recht, in den römischen Verkehrsverhältnissen lag kein Grund zur Aenderung; noch in den letzten Stadien der römischen Rechtsentwickelung kann es nie ohne Voraussetzung einer principalen Forderung existent werden, und nur ausnahmsweise die principale Forderung überdauern. Es war consequent dieses Institut mit dem übrigen römischen Rechte auf deutschen Boden zu verpflanzen, aber es wäre inconsequent im Pfandrecht, gerade im Pfandrecht allein, diejenige Fortbildung unterdrücken zu wollen, durch die das römische Recht erst recht das unsere wird. Bei uns aber ward im Pfandrecht das Unzureichende der unveränderten römischen Satzungen für unsere Verhältnisse besonders früh empfunden. So kamen wir mit kühnen aber auch glücklichen Griffen und unter Benutzung einiger Erinnerungen aus älterer rein deutscher Zeit zu den Hypothekenbüchern. Das Recht, das aus ihnen sich entwickelt hat, will als modernes Institut betrachtet und behandelt werden, dessen Zweck und Bedeutung aus den Anforderungen des gegenwärtigen Verkehrs zu entnehmen, und dessen ganzes Sein und Werden durch eben diesen Zweck bestimmt ist. Aber nach dem, was menschliche Kraft zu leisten vermag, konnte solches Recht nicht mit einem Male als etwas Fertiges in die Welt treten; allmählich erst vermögen neue Gedanken in feste bleibende Formen sich hineinzufinden, und abzustoßen was von alten Anhängseln mit ihnen unverträglich ist.

Wie langsam dieser Proceß vor sich geht, davon giebt beispielsweise die Annexqualität unserer Hypotheken ein sprechendes Zeugnis. Der Fortschritt, der mit Einführung der auf Specialität und Publicität beruhenden Hypothekenbücher gemacht wurde, bestand wesentlich darin, die bis dahin unsichtbaren ungreifbaren und durch die Unscheinbarkeit ihrer Existenz äußerst schädlichen vielen Pfandrechte der Römer sichtbar und gleichsam körperlich hervortretend zu machen. Aber niemandem ist es je eingefallen, daß auch die Forderungen, zu deren Sicherung nach römischer Anschauung die Pfandrechte allein dienen sollten, ebenso körperlich greifbar gemacht werden könnten. Damit war das Urtheil über die accessorische Qualität der Hypotheken gegeben, aber nicht gesprochen; es ist auch bis zur Stunde erst von einzelnen, wie den revidirten Mecklenburger Hypothekenordnungen, offen ausgesprochen, im preußischen Entwurfe von 1864 noch nicht mit der nöthigen Schärfe entwickelt, in dem bairischen Entwurfe eines bürgerlichen Gesetzbuches III, 7. Art. 366 f. wieder ganz aufgegeben, desgleichen in dem Entwurfe für Neuvorpommern von 1866 (vergl. insbesondere Motive zu §. 13.

daselbst). Gleichwol ist es eine schreiende Inconsequenz, deren unsere Meister, die Römer, sich nie schuldig gemacht haben, das greifbare Recht zum Accessorium des ungreifbaren zu machen. Denn entweder die Schicksale des ungreifbaren sind maßgebend für das andere, dann kann der Charakter der Greifbarkeit bei diesem nicht durchgeführt werden; oder aber sie sind es nicht, womit das accessorische Wesen verleugnet ist. Die nothwendigen Folgen jeder Halbheit und Inconsequenz in der Rechtsentwickelung aber sind unklare Verhältnisse Zweifel Processe widerstreitende Entscheidungen der Richter; sie sind auch hier nicht ausgeblieben. So findet die theoretische Behauptung ihre Bestätigung in der Praxis. Um wirklich brauchbare und zweckgemäße Verkehrsmedien zu erhalten, muß die Selbständigkeit der Grundschulden allgemein anerkannt werden.

Doch, wie gesagt, mit dieser angenommenen Selbständigkeit wissen wir nur, was die Hypotheken oder Realobligationen nicht sein, nicht, was sie sein sollen. Die Realobligation soll sein ein ächtes dingliches Recht, wo die Sache Object ist, und das Recht die Natur eines Rechts an der Sache hat. Das heißt, da eine Sache nie handeln kann, wo die Rechtsausübung ganz in die Thätigkeit des Berechtigten (Rechtssubjects) fällt, dem Object nur ein Leiden (pati), kein Handeln (facere) obliegt; ferner, ein Recht, das sich nur gegen die Sache selbst kehrt, mit den Personen, in deren Eigenthum oder sonstigem Rechte dieselbe steht, nichts zu schaffen hat. Ihre Rechtfertigung findet die Annahme eines so und nicht anders gearteten Rechtes in den Bedürfnissen des gegenwärtigen Verkehrs einerseits, andererseits in der logischen Richtigkeit des Gedankens; daneben aber mag es nicht unzweckmäßig sein darauf hinzuweisen, daß dem älteren deutschen Rechte schon in den Grundrenten beim Rentenkauf und ähnlichem, verwandte Bildungen geläufig gewesen sind, und daß im heutigen Rechte diese Realobligation in die Mitte treten würde zwischen die Prioritäts-Obligation, wie sie bei Aktienunternehmungen gang und gäbe ist, und die jetzige Hypothek als gebuchte Pfandschuld eines Grundstücks, indem sie mit der einen gerade das gemein hat, was sie von der anderen unterscheidet.

Die Realobligation ist ein Recht an dem Grundstücke selber, nicht an dem Werth desselben, der, da er, vor dem Verkaufe wenigstens, keine greifbare Existenz hat, auch nicht geeignet ist als Object irgend eines Rechts erfaßt zu werden. Aber auch den einstigen Erlös, den erst aus dem Verkaufe zu erzielenden Preis, darf man nicht von vornherein zum Rechtsobject machen. Dies würde zu schiefen Anschauungen drängen: so lange sie bestände, hätte die Realobligation kein reales Rechtsobject, sie bekäme es erst durch den Vorgang, der behufs ihrer Auflösung eingeleitet wird. Der Realobligationsberechtigte hat ein Recht gegen das Grundstück, aus diesem, unter gewissen Voraussetzungen, eine bestimmte Summe Geldes zu entnehmen. Daß die Summe nicht körperlich im Grundstücke steckt, ist kein haltbarer Einwurf: auch die Renten stecken nicht in Natur in dem Grundstücke, aus dem schon nach römischem Rechte der Usufructuar dieselben zieht, wenn er das Object seines Rechtes verpachtet oder vermiethet. Aber wie die Beziehung dieser Zinsen voraussetzt, daß der Nutznießer als solcher berechtigt sei Pacht- und Miethverträge abzuschließen, ebenso muß der Grundforderungsgläubiger berechtigt sein die fremde ihm verhaftete Sache zu verkaufen, denn durch den Verkauf eben erhält er das, was er aus ihr zu nehmen berechtigt ist. Den Verkaufspreis darf er nicht schlechthin für sich begehren, stets nur eine fest begrenzte Summe daraus, und auch diese nicht immer vorweg, sondern häufig erst nachdem andere ebenso bestimmte Summen schon aus dem Erlös ausgeschieden sind. Also ein Recht das Grundstück nöthigenfalls zu verkaufen, und aus dem Pretium nach gewissen Regeln einen bestimmten Betrag für sich zu entnehmen.

Legen wir den Nachdruck darauf, daß diese Regeln gewisse d. h. unwandelbare sein sollen, so ist damit wieder eine praktische erhebliche Abweichung von dem gefordert, was die durch römische Reminiscenzen bestimmte Tradition festhält; freilich nicht überall mehr, denn die Neuerung ist in das Mecklenburgische Hypothekenrecht bereits eingedrungen, worauf schon oben verwiesen ist. Ein und allemal muß der Grundgläubiger mit seiner Forderung an der Stelle bleiben, die ihm anfangs für dieselbe eingeräumt worden ist; ein Nachrücken, weil vorstehende Gläubiger durch Zufall inzwischen ausgeschieden, findet nicht statt; die zweite Hypothek bleibt stets zweite, die dritte stets dritte, auch wenn die erste und zweite schon getilgt sein sollten. Eine einfache Erwägung, die dies bedingt: augenscheinlich gewährt das Nachrücken in die besseren Stellen den schlechteren Gläubigern Vortheil und dem Grundbesitzer Nachtheil: nun fragt sich, ob anzunehmen, daß diese Gläubiger für die Aussicht auf den Vortheil bei der Beleihung in der einen oder der anderen Form ebensoviel geben werden, wie der Nachtheil für den Schuldner beträgt? Und diese Frage ist zweifelsohne zu verneinen. Denn kein Geschäftsmann wird geneigt sein, irgend etwas Erhebliches zu geben für diese ganz ungewisse lediglich vom Belieben des Zufalls abhängige Aussicht, und um diese allein handelt es sich hier, bestimmtere Abmachungen werden nach wie vor möglich bleiben, für die auch der bedächtige Gläubiger Gegenleistungen zu machen geneigt sein könnte.

Das Resultat wäre hiernach folgendes: 10,000 Thaler nach 15,000 eingetragen, würden stets erst dann zur Perception gelangen, nachdem aus dem Verkaufserlös 15,000 bereits abgeführt wären. Dabei machte es keinen Unterschied, ob die vorstehenden 15,000 noch dem A und dem B zugeschrieben, oder auf den Eigenthümer umgeschrieben, oder einfach gelöscht wären. Auch einer Offenhaltung bedürfte es im letztgedachten Falle nicht; diese träte von selbst ein, mit der vollen Wirkung, daß der Eigenthümer die besseren Stellen nach Belieben wieder vergeben könnte, oder, falls er dies unterlassen, bei etwaigem Zwangsverkaufe selber die Abträge von dem Erlöse genösse. Im Falle eines Concurses also würden die ersten 15,000 den persönlichen Gläubigern des Grundbesitzers zufallen, und erst was darüber hinaus bliebe, unter die Realgläubiger zur Vertheilung kommen.

Aber diese könnten sich auch keineswegs darüber beklagen: keiner von ihnen hat anders kreditirt als im Vertrauen auf den über 15,000 überschießenden Werth des Grundstücks, und keiner hat als Darleiher andere Bedingungen gewährt als die diesem Vertrauen entsprechenden. Keine Folgerung hieraus, nur eine andere Anwendung desselben Gedankens, daß es dem Grundherrn auch freistehen würde, bevor er noch die vorderen Stellen besetzt hätte, die späteren zu vergeben; also beispielsweise auf ein bis dahin unbelastetes Grundstück zuerst 10,000, die hinter 15,000 ständen, eintragen zu lassen. Er käme dadurch in den Stand, die wechselnden Conjuncturen des Kapitalmarkts in seinem Interesse auszubeuten; wenn eben viel Geld und viel Vertrauen vorhanden wäre, würde er damit anfangen, die schlechteren Posten zu veräußern, die besten aber und sichersten für den Nothfall reserviren. Dahingegen wäre das als Consequenz anzunehmen, daß es einer Eintragung von Forderungen auf den eigenen Namen des Grundherrn nun überall nicht mehr bedürfte. Freilich ein Vortheil von mehr theoretischer als praktischer Bedeutung, indem er die civilistische Inelegανz einer das kleinere dingliche Recht an der eigenen Sache nicht verzehrenden Confusion beseitigte.

Diese so gearteten Grundobligationen müßten so transportabel wie möglich hergerichtet werden. Es ist vorgeschlagen, in das Belieben der Grundbesitzer zu stellen, ob die Obligationen auf den Inhaber oder auf Namen ausgegeben werden, und in diesem zweiten Falle die Cession in blanco, Blankogiro zu gestatten. Man kann dem Vorschlag unbedenklich zutreten, wird ihn aber als unvollständig bezeichnen müssen, da er die schwierigste Frage unbeantwortet läßt, wie nämlich dem Grundherrn von den verschiedenen Uebertragungen zuverlässige Kenntnis zu geben sei. Allerdings sind alle Zwischentransporte für diesen bedeutungslos, aber bei jedem Zinszahlungstermin muß er wissen, an wen die fällige Rate abzuführen ist. In der Mecklenburger Stadtbuchordnung, fast gleichlautend in der Landgüterordnung §. 27, 3. wird gesagt:

§. 38, 3. Zur vollen Sicherheit darf mithin der Schuldner nur die Zinsen an den ihm bekannten Inhaber der eingetragenen Forderung so lange zahlen, als ihm der Uebergang derselben auf einen andern nicht angezeigt ist.

Dabei bleibt zweierlei zweifelhaft: wann ist der Inhaber der Forderung als bekannt zu achten? wann ist der Uebergang angezeigt? Soll der Forderungsinhaber vielleicht an jedem Zinsenzahlungstermin mit dem Schein in der Hand sich präsentiren? oder darf der Grundherr an den, der einmal so sich legitimirt hat, unbedenklich weiter zahlen, bis ein anderer in gleicher Weise sich vorstellt? Die besondern Uebelstände beider Möglichkeiten sind ersichtlich, und beide machen es unmöglich die Realforderungen über einen relativ kleinen Kreis hinaus zu veräußern. Abhülfen lassen sich verschiedene erdenken. Vielleicht wäre es gerathen, auch diesen nicht von dem Verbande ausgestellten Grundobligationen, gleichviel ob sie au porteur oder auf Namen lauten, Zinscoupons beizugeben. Um jede Unsicherheit zu entfernen, die doch noch daraus hervorgehen könnte, daß entweder der Grundbesitzer einem ihm persönlich unbekannten Gläubiger das Geld einsenden müßte, bevor er die Coupons ausgehändigt erhalten, oder umgekehrt der Gläubiger einem unbekannten Schuldner die Coupons in die Hände giebt, bevor er das Geld gezahlt bekommen, brauchte dann nur gestattet zu werden, das Grundbuchamt der belasteten Sache zum beiderseitigen Mandatar zu machen, dem Zinsen und Coupons ebenso einzuziehen wie auszuliefern oder respective zu kassiren obläge.

Aehnlich erwachsen die Bedenken bei der Executionsfrage zumal daraus, daß unter verschiedenen empfehlenswerthen Möglichkeiten eine Wahl getroffen werden muß. Gewis ist zünächst nur, daß Privatgläubigern nicht all die Befugnisse zugestanden werden dürfen, die dem Grundschuldenverband als Realgläubiger zukommen sollen; es wird keiner Aufzählung der Gründe hierfür bedürfen. Sodann spricht manches dafür, den Einzelgläubiger bei einer Kapitalforderung anders zu stellen als betreffs der Zinsen. Wird fälliges Kapital nicht gezahlt, so bleibt kein Ausweg als Execution wider das Grundstück, deren Ausführung aber in mannigfaltigen Formen möglich wäre. Fragt sich schon, wer sie zu vollstrecken hätte, die Buchämter des Grundschuldenverbands, oder die ordentlichen Gerichte? Die Entscheidung über den Rechtspunkt, wo derselbe bestritten, wird diesen kaum zu entziehen sein; steht der Rechtspunkt fest, so mögen die rein administrativen Maßregeln, Sequestration und Subhastation, besser den Buchämtern überlassen werden. Sequestration nur dann, wenn sie von sämmtlichen Execution suchenden Gläubigern gewünscht, oder wenn sie dadurch nothwendig geworden, daß die Subhastationsversuche zu keinem Resultat geführt haben. Die Subhastation verdient in dem Falle besondere Erwägung, wo sie von einem nachstehenden Realgläubiger veranlaßt ist; werden durch dieselbe alle auf dem Grundstück lastenden Realobligationen aufgehoben, oder nur die des Imploranten und der schlechteren Gläubiger, die der besseren aber nur insofern diese dem Executionsantrage beigetreten sind? Jenes könnte dahin führen, daß die an und für sich vollkommen sichern Obligationen vorstehender Gläubiger durch unzeitiges unüberlegtes oder bösliches Anstürmen der Nachstehenden gefährdet würden; dieses wird die Aussicht auf Durchführung des Verkaufs in kritischer Zeit nicht gerade mehren. Soll die Subhastation auch die besseren Rechte zerstören, so wird man die Minimalhöhe der zulässigen Gebote auf den Kapital- und Zinsbetrag der voreingetragenen Obligationen zu fixiren haben; geht aber die Sache mit den auf ihr lastenden Schulden in die Hand des Käufers über, so muß diesem wenigstens die Befugnis gegeben werden, die Lasten sofort durch Baarzahlung zu tilgen. Auch über die Zulässigkeit subsidiärer Impetration des Eigenthums wird nicht ohne weiteres zu entscheiden sein.

Doch erscheint die Frage, wie die Execution bei Zinsforderungen zu ordnen sei, hiermit verglichen als die schwierigere. Für dieselbe ist es präjudicirlich, ob für den Grundeigenthümer ein Zwang eingeführt werden soll, im Buche als solcher andauernd eingetragen zu sein. „Das Eigenthum kann nur durch Eintragung an der betreffenden Stelle erworben werden; — wer dort eingetragen steht, ist in jeder Beziehung als Eigenthümer zu behandeln." Haben wir diese Sätze, so kann es keinem Bedenken unterliegen, aus fälligen unbezahlten Zinscoupons ein Zahlungsmandat wider den aus dem Buche ersichtlichen Eigenthümer ergehen, und dem unerfüllten Mandate die Execution in das Vermögen desselben schleunigst folgen zu lassen. Ist diese Execution dann nicht zu vollstrecken, so bleiben dem Gläubiger zwei Auswege: entweder zur Execution gegen das Grundstück vorzugehen, die zugleich auch das durch die Summe der Zinszahlung fällig gewordene Kapital umfassen würde; oder zu warten, bis ein Zahlungsfähiger das Grundstück erwirbt, denn auch die Zinsen sind Grundschulden und gehen mit dem Grundstücke als Lasten desselben auf den neuen Erwerber über. Um diese Bestimmung aber nicht in unzweckmäßige Härte ausarten zu lassen, werden die Zinscouponsforderungen einer nicht zu langen Verjährung, von vier oder fünf Jahren vielleicht, unterworfen werden müssen. — Ist dagegen der Eigenthümer nicht nothwendiger Weise aus dem Buche zu erkennen, so verliert die wider ihn persönlich gerichtete Execution ihr Fundament; man riskirt bei derselben langwierigen Streitigkeiten über die Passivlegitimation zu begegnen. Es wird also entweder sofort zur Execution wider das Grundstück zu schreiten sein, oder wenn dieses zu brüsk und unproportionirt scheinen sollte, zu einer Execution in Mobilien, die irgend wie mit dem Grundstücke in Zusammenhang stehen. In Pacht- und Miethsforderungen vor anderen, die dem Eigenthümer gegen die Detentatoren zuständen; und falls dergleichen nicht aufzutreiben wäre, Pfändung von Mobilien, die sich auf dem Grundstücke befinden. Wer diese auslöst, oder, wenn es zum Verkauf kommt, dieselben aus seinem Rechte verliert, erhält wider den, der zur Zeit des Pfändungsakts Grundeigenthümer gewesen, eine straffe Regreßklage; denn mit der Pfändung erlischt der Anspruch an das Grundstück, verwandelt sich in einen Anspruch wider den dermaligen Grundherrn, und dieser wird demjenigen zum Ersatz cedirt, der unter der Pfändung leidet. Doch wie gesagt, auch in anderer Weise wäre Rath zu schaffen, der dies Mal nur durch seine Fülle theuer wird.

Auch die eben berührte Alternative, ob das Princip der Buchung für das ganze Immobiliarrecht maßgebend werden soll oder nicht, ist nicht leicht zu entscheiden. Der Entwurf von 1864 glaubte die Forderung obenan stellen zu müssen, daß alles dingliche Recht an Grund und Boden durch Eintragung erworben werde; und die Motive S. 31. 32. verweisen auf diejenigen deutschen Gesetze, die einen ähnlichen Rechtszustand bereits in das Leben eingeführt haben. Augenscheinlich gehört die Frage zu den brennenden, und unter diesen zu den wichtigsten auf dem Gebiete des Privatrechts; auch läßt der gegenwärtige Stand der Gesetzgebung nicht wol erkennen, welche Meinung dereinst durchdringen wird. Beispielsweise stehen in Mecklenburg beide Ansichten schon seit längerem lebendig verkörpert neben einander:

Stadt.-B.-O. §. 5. Die Verlassung.

1. Das Eigenthum der städtischen Grundstücke kann nur durch die Verlassung, — die Eintragung des neuen Eigenthümers in die erste Rubrik — übertragen und erworben werden.
2. Dieselbe geschieht zu allen Rechtsfolgen ohne Ausnahme, ohne daß es der Uebertragung des Grundstücks bedarf;

und dagegen:

Land.-G.-O. §. 9. Aufführung des jedesmaligen Eigenthümers.

Die Aufführung des zeitigen Eigenthümers im Hypothekenbuche geschieht nur für die Zwecke und zu den Rechtsfolgen des gegenwärtigen Hypothekengesetzes.

Der Unterschied ist von großer Bedeutung. Wird das Buchungssystem im Immobiliarrecht mit voller Consequenz durchgeführt, so giebt es nicht mehr Eine Theorie der dinglichen Rechte, sondern

Mobiliar- und Immobiliarrecht treten einander als wesentlich verschiedene Institute gegenüber. Aus dem Immobiliarrecht wäre mit der Tradition auch der Besitz, d. h. der juristische geschützte, zu streichen, ebenso die Ersitzung und die Klagenverjährung, und zwar zugleich für das Eigenthum und alle Rechte an fremder Sache. Die Vindication die Publiciana die Rechtsmittel aus dem jus possessionis müßten zu Einer Klage verschmolzen werden, nur der Unterschied nach Art der Besitzstörung (r. vindicatio — a. negatoria) bliebe. Auch die Einreden würden sich vereinfachen, der Gegensatz von bonae fidei und malae fidei possessio schwinden. Dagegen erhielten die Klagen auf Eintragung gesteigerten und fast dinglichen Charakter, indem die zum Schutz der Kläger unentbehrlichen vorläufigen Vermerke auch gegen Dritte wirken müßten. Römische Kunstausdrücke zu gebrauchen, würde das Immobiliarrecht dem Einfluß der bona fides, der sich jetzt im weitesten Umfange geltend macht, entzogen, und unter ein ius strictum, ja strictissimum gestellt.

Wer eine so große Umgestaltung sich vorsetzt, hat die Folgen mit allen Details zu erwägen, und danach offen dafür oder dawider sich zu bekennen. Der mit dem Entwurf von 1864 gemachte Versuch, die Sache beiläufig, durch wenige einem Hypothekengesetz voraufgeschickte Paragraphen abzumachen, und überdies die Tragweite der Aenderung durch den Schein authentischer Interpretation zu verdecken, verdient entschiedene Misbilligung. Niemand hätte gewußt, wo das alte Recht aufhört und das neue beginnt, und zahlreiche Processe wären den Richtern vielleicht ebenso interessant wie den Parteien kostbar geworden. Soll die Reform durchgeführt werden, so gebe man eine vollständige Immobiliarrechtsnovelle, bei deren Abfassung die Verzweigungen des neuen Instituts in das bleibende Recht hinein reiflich voraus zu bedenken, und die wichtigsten auftauchenden Zweifel zu entscheiden wären.

Das Grundschuldenwesen könnte durch die Verallgemeinerung des Buchungssystems nur gewinnen; die Förderung, die seine Intereffen hierdurch in den verschiedensten Beziehungen erfahren würden, ist evident. Aber es wäre einseitig, sich davon allein bestimmen zu lassen. So wichtig die Rücksichtsnahme auf den Bodenkredit sein mag, sie ist doch hier nur von secundärer Bedeutung; der Werth eines Grundstücks liegt nie darin allein, daß es sich gut belasten läßt, und das eigentliche Immobiliarrecht ist wichtig genug, zuerst für sich selbständig erwogen zu werden.

Auch bei dieser so umschränkten Prüfung sind die Vortheile, welche die Reform verspricht, unverkennbar. Ein klares und festes Recht, von dem Richter leicht zu handhaben, und durchsichtig auch für die Betheiligten; also wenige kurze und nicht kostspielige Processe. Die Bedenken dawider sind aber auch nicht leicht zu nehmen. Dringt das Buchungsprincip überall durch, so wird die Uebertragung des Eigenthums und aller anderen dinglichen Rechte an Grundstücke erschwert, die Circulation dieser Werthstücke also verlangsamt werden. Denn die Eintragung ist, mit der Tradition verglichen, allerdings eine Erschwerung; Akte, bei denen eine öffentliche Behörde mitzuwirken hat, sind dem gemeinen Manne stets lästiger, als die er mit seines gleichen allein vornehmen kann. Ließe man dagegen das Requisit der Tradition unersetzt fallen, so daß nach französischem Muster der Vertrag allein zur Uebermittelung ausreichte, so müßte umgekehrt der Umsatz Beschleunigung erfahren. Was aber dem Gesetzgeber zu rathen sei, auf Hemmung oder Förderung dieser Circulation hinzuarbeiten, das ist gewis eine heikle, zur Zeit wol kaum spruchreife Frage.

Daneben darf man sich auch eine andere Möglichkeit nicht verhehlen. Es ist durchaus nichts Unerhörtes, daß der Verkehr gesetzlich auferlegten Beschränkungen sich nicht fügt, und wo dieser Widerstand der nöthigen Energie nicht ermangelt, da bleibt schließlich der Gesetzgebung nichts anderes übrig als ihrerseits nachzugeben. So sind die Römer, als ihrem Verkehr der Mancipationszwang zu lästig fiel, zu dem in bonis esse gekommen, und der Prätor hat dasselbe als Rechtsinstitut annehmen müssen; Jahrhunderte lang haben dann zwei Arten des Eigenthums nebeneinander gestanden, bis endlich Kaiser Justinian unter Beibehaltung nur des Namens das alte Gesetzesrecht in das Gewohnheitsrecht aufgehen läßt, und diesem volle gesetzliche Sanction verleiht. Freilich existirt zwischen Mancipation und Eintragung ein wichtiger Unterschied: jene erschien den Römern späterer Zeit als völlig unnütze und darum überflüssige Formalität, während der Nutzen, den die Eintragung schafft, niemals zu übersehen sein wird. Gleichwol fragt sich, wie der Verkehr in Grundstücken mit dem ihm zugedachten Hemmschuh fahren würde, und die in kleineren Staaten darüber bisher gesammelten Erfahrungen geben noch keine ganz genügende Entscheidungsbasis. Die Aussicht auf ein zwiespältiges Immobiliarrecht neben einem von beiden unterschiedenen Mobiliarrechte ist nicht gerade verlockend; aber müßten wir dahin gelangen? — Je mehr die Entscheidung noch jeder Berechnung sich zu entziehen droht, desto dringender scheint die wiederholte sorgfältigste Erwägung geboten.

Schlußbetrachtung.

Wer Paradoxen liebt kann sagen daß nie ein Mensch den andern versteht, nämlich richtig und ganz. Wie das Auge des einen dem des andern nie so völlig gleich ist, daß beide unterschiedslose Bilder derselben Sachen geben, ebenso steht es mit dem geistigen Sehvermögen. Kein Mensch ist im Stande, den Gedanken des andern ganz in dessen Sinn nachzudenken; er thut etwas davon oder thut dazu, verschiebt die Linien ein wenig, ändert hier und dort die Färbung. Kurzum was stricte Reproduction sein sollte, das wird unwillkürlich wirkliche Production; freilich in beschränktem Sinne, da auch das was vom menschlichen Thun und Treiben, dem geistigen so gut wie dem materiellen, als „wirkliche Production" bezeichnet zu werden pflegt, in der That doch nichts anderes ist als Reproduction, kein Schaffen nur Umformen des schon Geschaffenen.

Das könnte für den Autor erhebend sein, daß was er ausgesprochen in den Köpfen seiner Leser weiter wachsen und neue Gestalt gewinnen muß, daß er hier mit einem Naturgesetz in Berührung kommt, dem die höchste Weisheit Wirksamkeit ins Unendliche verliehen hat; menschliche Engherzigkeit aber vermag diese Erhebung nicht durchauszugenießen, und den meisten wäre es lieber, wenn sie die Sicherheit hätten, vorläufig erst einmal so verstanden zu werden wie sie es gemeint haben, gleichviel was später durch anderer Arbeit aus ihrem Gedankenmaterial werden möchte. Darum sind Aufklärungen und Verwahrungen so gewöhnlich, die Schriftsteller den eigenen Worten zufügen, freilich auch hierbei dem unvermeidlichen Anders-, um nicht zu sagen Mis-Verständnis der andern preisgegeben, aber doch nicht immer ganz vergeblich, da der Abstand zwischen den Auffassungen des Verfassers und des Publikums kein ein für allemal fest gegebener, sondern durch die Präcision der Darstellung wol auf bescheidenes Maß zu reducirender ist.

Ich würde misverstanden sein, wenn die aufgestellten Forderungen mir als Verleugnung der Principien der historischen Rechtsauffassung ausgedeutet würden. Es ist nicht gesagt, daß eine höhere gesetzgeberische Einsicht Rechtszustände schaffen soll, die der Volkswille nicht für sich begehrt. Im Gegentheil, ich will mich hier, wie ich das auch sonst gethan, ausdrücklich zu dieser urdemokratischen Anschauung von dem Werden des Rechts bekennen, freilich ohne auf die Worte von Savigny und anderen Meistern zu schwören, was ja schon des unaufhaltsamen Fortwachsens der Gedanken wegen Meineid sein würde.

Gesetz und Gewohnheitsrecht, beide sollen nur dem Volkswillen Ausdruck geben. Dieses trägt die Gewähr des Gelingens in sich, bei jenem handelt es sich im letzten Augenblicke wenigstens um ein Zugreifen, das stets auch ein Fehlgreifen sein kann. Dennoch müssen in vielen Fällen Gesetze gegeben werden, und pflegen wenig Schaden zu bringen, sobald ihnen nur keine Unabänderlichkeit vindicirt wird, die selbst dem Gewohnheitsrechte nicht gebührt. Die zeitgemäße Fortbildung des Criminalrechts Proceßrechts ebenso des Hypothekenrechts ist ohne neue Gesetze undenkbar. Doch darf man sich dabei aber auch nicht sorglosem Leichtsinne ergeben, weil Fehlgriffe bald wieder weggesetzgebert seien; rasche Rechtsänderungen bringen nirgends Segen. So weit die Kraft dazu reicht, muß der Volkswille durchforscht und erkundet sein. Damit ist der Zweck dieser Abhandlung bezeichnet: es sind nicht Vorschläge die dem Gesetzgeber irgend wie aufgezwungen werden sollen, denn fern liegt die Anmaßung meine Anschauungen für Volkswillen auszugeben; ich fordere nichts als das Eine, lebendige Discussion von Fragen, die für das Wohl und Wehe eines großen Theils, richtiger des ganzen Volkes, von weittragender Bedeutung sind.

Kolibri 360 GmbH
Ferdinand-Jühlke-Straße 7
99095 Erfurt, Deutschland
produktsicherheit@kolibri360.de